Besonderes Glück?

Mabuse-Verlag
Erste Hilfen Band 3

Judith Hennemann, Diplom-Sozialpädagogin, geboren 1971, hat seit vielen Jahren Erfahrungen im Umgang mit Familien mit einem geistig behinderten Kind. Sie arbeitet freiberuflich als Dozentin und engagiert sich ehrenamtlich in ihrer Heimatstadt Bremen, wo sie mit ihrem Mann und den gemeinsamen vier Kindern lebt. Die älteste Tochter wurde mit dem Down-Syndrom geboren.

Judith Hennemann

Besonderes Glück?

Hilfen für Eltern mit
einem geistig behinderten Kind

Mabuse-Verlag
Frankfurt am Main

Bibliografische Information der Deutschen Nationalbibliothek

Die Deutsche Nationalbibliothek verzeichnet diese Publikation in der Deutschen Nationalbibliografie; detaillierte bibliografische Angaben sind im Internet unter http://dnb.d-nb.de abrufbar.

Informationen zu unserem gesamten Programm, unseren AutorInnen und zum Verlag finden Sie unter: www.mabuse-verlag.de.

Wenn Sie unseren Newsletter zu aktuellen Neuerscheinungen und anderen Neuigkeiten abonnieren möchten, schicken Sie einfach eine E-Mail mit dem Vermerk »Newsletter« an: online@mabuse-verlag.de.

© 2011 Mabuse-Verlag GmbH
Kasseler Straße 1a
60486 Frankfurt am Main
Tel.: (0 69) 70 79 96 -13
Fax: (0 69) 70 41 52
verlag@mabuse-verlag.de
www.mabuse-verlag.de

Lektorat: Sonja Siegert, Köln; Satz: Tischewski & Tischewski, Marburg
Umschlaggestaltung: Marion Ullrich, Frankfurt am Main
Fotos Umschlag und Innenteil: © Kerstin Rolfes, Bremen

Druck: Druckkollektiv GmbH, Gießen
ISBN: 978-3-86321-006-9
Printed in Germany
Alle Rechte vorbehalten

Inhalt

Vorwort	7
Einleitung	10

»Ihr Kind ist behindert«: Die Geburt und die Vermittlung der Diagnose — 14
  Warum ist die Behinderung ein Schock? 19 • Trennung vom Kind nach einem dramatischen Geburtsverlauf 22

»Wie sage ich es?« Exkurs für Ärztinnen, Ärzte und Hebammen — 27
  Was für das Gespräch wichtig ist 30

»Was wäre wenn?« Geburtsvorbereitung — 33
  Thema im Geburtsvorbereitungskurs? 34 • Als Paar darüber reden 36

»Wir wissen nicht, was er hat«:
Diagnosen, Vermutungen und erworbene Behinderungen — 40
  Behinderungen, die sich erst im Laufe der Zeit zeigen 42
  Der Umgang mit erworbenen Behinderungen 44

»Wie kann man um jemanden trauern, der lebt?«
Trauer und Traurigkeit — 47
  Bilder von unserem Kind 47 • Die Trauer zulassen 50 • Auch Väter brauchen Raum für Trauer 53 • Angehörige und Freunde 54 • Lebenslimitierende Diagnosen 56 • Was helfen kann 57 • Schuldgefühle und Trauer 59

»Wir brauchen uns nicht zu verstecken«:
Der Umgang mit Familie, Freunden und Bekannten — 61
  Reaktionen in der Familie 61 • Reaktionen von Freunden und Bekannten 63
  In die Offensive gehen 65 • Neue Freundschaften entstehen 67

»Wir haben uns geliebt und wir haben geheult«: Die Partnerschaft — 71
  Stress und Belastungen 72 • Sich Zeit füreinander nehmen 73

INHALT

Rollenaufteilung 76 • Sich in Krisen Unterstützung holen 77
Was man als Paar für sich tun kann 80

»Immer dreht sich alles um meine Schwester ...« Die Geschwister   81
»Schattenkinder«? 81 • Ehrlichkeit ist wichtig 84 • Andere Ansprechpartner
finden 85 • Aggressionen unter Geschwistern 86 • Normalität im Alltag 89

»Muss ich unserem Sohn noch mehr anbieten?«
Förderung und Therapien   96
Die Behinderung bleibt 98 • Zweifel an der Therapie 100

»Es war eine große Hilfe von Anfang an«:
Selbsthilfegruppen, Netzwerke und professionelle Hilfe   103
Professionelle Unterstützung 105 • Kinder-Hospiz 106
Heimunterbringung 107 • Familie und Beruf 111

»Ihre beste Freundin ist für sie superwichtig«:
Die Zeit nach dem Kleinkindalter   116
Freundschaften 117 • Teil einer Gemeinschaft werden 118
Die Anerkennung der kindlichen Sexualität 120

Vier Fallen, die einem das Leben erschweren   125
Dankbarkeit 125 • Verantwortung 126 • Schuld 127 • Gewissen 129

»Alles soll immer perfekter, schneller, besser und schöner werden«:
Die Rolle der Pränataldiagnostik   131
Medizinische Notwendigkeit versus Drängen zur Selektion 132
Bei positivem Befund: Abbruch und Spätabbruch 134
Vorteile der Pränataldiagnostik 136 • Leid, Anderssein und
Akzeptanz 137 • Katrins Geschichte 139

Danksagung   150
Einige wichtige Adressen   151

Vorwort

Wir leben in einer Gesellschaft, in der Begriffe wie »Integration« und »Inklusion« zu beliebten Schlagwörtern von Politikern und Soziologen geworden sind. Dennoch bedeutet die Mitteilung: »Ihr Kind ist geistig behindert!« für Eltern oftmals den Zusammenbruch ihrer Lebensplanung und Zukunftskonzepte.

Dies gilt besonders dann, wenn diese Diagnose direkt nach der Geburt gestellt wird, wie zum Beispiel bei einem Kind mit Down-Syndrom. Eltern durchlaufen einen Prozess, der über Stadien der Verzweiflung, Ungläubigkeit, Wut und Aggression, Trauer und Depression im günstigen Fall zu einer Akzeptanz der Behinderung führen kann. Sie ist die Voraussetzung dafür, dass Eltern ihr Kind in seinem »So-Sein« (bzw. »Anders-Sein«) wirklich annehmen können.

Gelingt diese Akzeptanz nicht, ist auch die sichere Bindungsentwicklung des Kindes gefährdet. Diese schafft jedoch erst den Boden für eine angemessene und gelingende Förderung eines behinderten Kindes. Denn das Ziel kann nicht die Anpassung an die »Normalität« und schon gar nicht an gesellschaftlich definierte Ideale sein, sondern die Bereitstellung derjenigen Entwicklungsanreize, die das Kind befähigen, seine individuellen Entwicklungspotenziale zu entfalten. Die Gesellschaft als Ganzes trägt allerdings auch die Verantwortung dafür, dass behinderte Menschen einen angemessenen Platz in ihrer Mitte einnehmen können.

In den letzten Jahrzehnten ist im deutschsprachigen Raum eine Fülle von Büchern erschienen, die sich mit den Fördermöglichkeiten behinderter Kinder auseinandersetzen. Sie beschreiben medizinische, therapeutische und pädagogische Konzepte oder schildern Beispiele gelungener Integration in Familie, Alltag und Gesellschaft. Das vorliegende Buch stellt einen anderen Aspekt in den Mittelpunkt, nämlich die emotionalen

VORWORT

Bedürfnisse und Verletzungen der Eltern geistig behinderter Kinder. Es richtet sich nicht nur an Betroffene selbst, sondern insbesondere an professionelle Helfer wie Ärztinnen und Ärzte, Hebammen, Therapeutinnen und Therapeuten.

Judith Hennemann hat hier nicht nur ihre eigenen Erfahrungen mit ihrer Tochter verarbeitet, die mit dem Down-Syndrom geboren wurde. In zahlreichen Interviews mit betroffenen Eltern hat sie ein breites Spektrum persönlicher Erfahrungen zusammengestellt und kommentiert.

Die ersten beiden Kapitel sprechen vor allem die Problematik der Diagnosevermittlung an. Besonders deutlich wird, wie mit der Erstaufklärung über die Diagnose einer bleibenden Behinderung nicht nur die weitere Lebensplanung der Familie bestimmt wird, sondern auch die Akzeptanz der Behinderung. Neben positiven Erfahrungen spiegeln die Schilderungen der Eltern dabei oft die erschreckende Unsicherheit der »hilflosen Helfer« wider. Ärzte, Krankenschwestern und Hebammen, deren Selbstverständnis das »Helfen« und »Heilen« sind, reagieren unsicher, wenn sie keine Hilfe im Sinne der Beseitigung einer Krankheit oder Störung anbieten können. Eigene Betroffenheit mischt sich mit nicht gelerntem oder fehlendem intuitivem Einfühlungsvermögen in die Situation der Eltern, deren Welt gerade zusammenbricht.

In einem eigenen Kapitel wird auf die Verarbeitung der Trauer eingegangen. Bewältigt werden muss dabei auch die Auseinandersetzung mit den eigenen Wünschen und Träumen der Eltern, die nach Diagnosestellung der geistigen Behinderung zerplatzen. Dieses wird in den Interviewauszügen besonders deutlich.

Die weiteren Kapitel beschreiben die Elternerfahrungen im täglichen Alltag, die Auswirkungen auf die Paarbeziehung der Eltern und das Erleben der Geschwister sowie die Reaktionen der Umwelt.

Im letzten Kapitel setzt sich Judith Hennemann mit der Rolle der Pränataldiagnostik auseinander. Der Spagat zwischen der Unterstützung einer möglichst komplikationslosen Geburt einerseits und der Gefahr einer Selektion, die behindertes Leben verhindern soll, wird hier deutlich herausgestellt.

Im Rahmen unserer Down-Syndrom-Sprechstunde im Sozialpädiatrischen Zentrum habe ich Judith Hennemann und ihre Tochter über lange Jahre begleitet und sie nicht nur als eine sehr kompetente und einfühlsame Mutter, sondern auch als engagierte und kritische Anwältin für die Bedürfnisse betroffener Eltern kennengelernt.

Mit diesem Buch schließt sie eine Lücke in der Darstellung der emotionalen Situation von Eltern geistig behinderter Kinder.

Dr. med. Burkhard Mehl
Institutsdirektor
Sozialpädiatrisches Institut Bremen

Einleitung

Die Arbeit an diesem Buch begann im Frühjahr 2008. Auf Anraten meines Mannes bewarb ich mich beim Forschungsnetzwerk Mariaberg in Gammertingen, Baden-Württemberg, um ein Stipendium.

Seit der Geburt unserer ältesten Tochter im Jahr 1997, die mit einer Trisomie 21 zur Welt kam, hatte ich mich immer wieder mit den Auswirkungen beschäftigt, die eine geistige Behinderung für betroffene Eltern mit sich bringt. Ich hatte mit vielen unterschiedlichen Familien gesprochen, mich ehrenamtlich in unserer Bremer Selbsthilfegruppe engagiert und war dort als Ansprechpartnerin für neue Familien zuständig. Immer wieder musste ich feststellen, dass es zwar zunehmend ansprechende Literatur für die Förderung, den Umgang und diverse therapeutische Aspekte im Leben mit einem geistig behinderten Kind gab, dass jedoch die Eltern, speziell auf dem Buchmarkt, wenig Rat für ihre ganz persönliche Situation finden.

So entstand die Idee, ein Buch für Eltern geistig behinderter Kinder und ihre speziellen emotionalen Bedürfnisse zu schreiben. Zu meiner großen Freude war der Stipendiums-Ausschuss des Forschungsnetzwerkes Mariaberg gern bereit, dieses Projekt zu unterstützen.

Dieses Buch ist in erster Linie allen Eltern und Familien eines geistig behinderten Kindes gewidmet. Ich wünsche mir, dass es dabei hilft, die positive Eltern-Kind-Beziehung zu stärken, und infolgedessen eine bestmögliche Entwicklung unserer besonderen Kinder unterstützt. Weiterhin hoffe ich, mit meiner Auswahl an Themen möglichst vielen Vätern und Müttern in schwierigen, belastenden Zeiten und Situationen Hilfestellung und Lösungswege aufzeigen zu können.

Alle anderen interessierten Leser finden mit diesem Buch vielleicht einen neuen Zugang zu einem großen Thema in der Elternarbeit mit betroffenen Familien. Möglicherweise kann es auch zu mehr Verständnis im Umgang mit betroffenen Angehörigen, Freunden oder Bekannten beitragen.

Ein wesentlicher Teil des Inhalts beruht auf Aussagen, die ich in Gesprächen mit betroffenen Familien gesammelt und in Form von Zitaten eingearbeitet habe. Ich habe mich sehr darum bemüht, allen Beteiligten gerecht zu werden, ein größtmögliches Spektrum an Themen aufzugreifen und in meinen Text einzubeziehen. Bei der Vielzahl an Material, das mir nach der Auswertung aller Gespräche zur Verfügung stand, bitte ich um Verständnis, falls einzelne Aspekte zu kurz oder unter Umständen gar nicht erwähnt werden.

Natürlich ist mir bewusst, dass nicht jeder Leser und jede Leserin mit allem hier Geschriebenen einer Meinung sein wird. Dieses Buch habe ich auf der einen Seite als Sprachrohr aller beteiligten Familien geschrieben; auf der anderen Seite bin und bleibe ich selbst Mutter einer geistig behinderten Tochter und vertrete meinen persönlichen Blickwinkel und meine Meinung in diesem Buch.

Ich freue mich über jede Leser-Reaktion und nehme natürlich gerne konstruktive Kritik oder Anregungen für meine weitere Arbeit entgegen.

»IHR KIND IST BEHINDERT«: DIE GEBURT UND DIE VERMITTLUNG DER DIAGNOSE

》》 Mal abgesehen vom Weltfrieden würde ich mir wünschen, dass das Leben mit einem behinderten Kind mehr ins Bewusstsein der Menschen eingeht. Das es jeden treffen kann. Menschsein beinhaltet diese große Vielfalt. Diese anderen Welten sind so bunt und lebenswert.«

Ein Kind wird geboren. Die Umstände der Geburt, die vorausgehende Schwangerschaft und die Planung des neuen Lebens sind stets sehr individuell. Manchmal ähneln sie sich in einigen Bereichen, manchmal kommen Paare völlig unverhofft und vielleicht auch überfordert zu dieser Elternschaft. Aber immer gehen Wünsche, Träume, Erwartungen und auch Ängste mit dem Elternwerden einher.

》》 Wir wollten eine Familie gründen und haben gedacht, dass wir zwei so tolle Menschen sind und natürlich auch ebenso tolle Kinder bekommen werden.«

Unsere Gesellschaft ist geprägt von Leistung, Schönheit und dem Streben nach immer mehr von allem. Und mit einem Mal steht das Leben still. All die Erwartungen, Wünsche und Träume vom gemeinsamen Leben mit dem ersehnten Traumkind lassen einen ins Bodenlose blicken. Am Ende der »guten Hoffnung« steht plötzlich das Leben in seiner ganzen Vielfalt.

Für viele kommt die Nachricht, dass alles plötzlich anders ist, schnell und ohne jede Vorwarnung. Die Geburt ist geschafft, der Säugling noch nicht abgenabelt und in den Blicken und Reaktionen der Hebamme, der Ärztinnen und Ärzte spiegelt sich wider, dass »etwas nicht in Ordnung« ist. Wer Glück hat, bekommt sein Kind in den Arm gelegt und erfährt im Kontakt mit diesem neuen Familienmitglied, dass es anders, nämlich behindert ist. Ein Down-Syndrom zum Beispiel ist für erfahrene Geburtshelfer oftmals leicht zu erkennen und eine der am häufigsten vorkommenden geistigen Behinderungen. Sie wird oft schon im Kreißsaal diagnostiziert bzw. als Verdacht geäußert.

» Alles war ganz wunderbar, aber leider nur 15 Minuten lang. Die Hebamme war irgendwie anders als zuvor, sie war ganz verhalten. Nachher sagte sie uns, dass sie es sofort gesehen habe, sofort ... Dann kam der Arzt rein ... An den Arzt kann ich mich eigentlich erst erinnern, als er ganz komisch mit uns sprach und dann sagte: ›Sie haben ja schon ein Kind und fällt Ihnen denn jetzt an Ihrem neuen Kind nichts auf?‹ Nein, uns fiel nichts auf, unser Baby war so süß und so weich, aber etwas aufgefallen, nein ... Zu dem Zeitpunkt haben wir nur uns drei gesehen und wir waren zusammen so glücklich. Es war alles in Ordnung, die Geburt war gut verlaufen und wir waren in einer völlig anderen Gefühlswelt. Aber der Arzt kam immer wieder auf dieses Thema zurück. ›Schauen Sie sich doch mal die Hände an. Fällt Ihnen denn da nichts auf? Und der Kopf und die Ohren ...?‹ Bis mein Mann dann irgendwann genug hatte und fragte, was denn eigentlich los sei? Warum er die ganze Zeit unser Kind so schlechtmachen würde? Und da hat der Arzt dann endlich gesagt, dass er uns leider mitteilen müsse, dass unser Kind eine Behinderung habe. Es habe das Down-Syndrom.«

Auf einmal ist alles anders als zuvor. Eben noch glückliche Eltern mit einem gesunden Neugeborenen nach einer gut verlaufenen Entbindung – und dann verändern einige Sätze alles.

Wenn es die Situation zulässt, sollten die Eltern auf jeden Fall die Gelegenheit bekommen, ihr Kind als erstes ohne jegliche Vorbehalte kennenzulernen. Wer selbst ein Kind hat, weiß, dass dieser Moment, in dem man sein Neugeborenes zum allerersten Mal noch nackt und feucht im Arm hält, eine unauflösliche Bindung und Zusammengehörigkeit schafft. Hier entstehen Familienbande. Ein heißer Schwall Liebe stärkt für alles, was danach noch kommen mag.

» Als meine Tochter auf den Bauch meiner Frau gelegt wurde und ich sie zum ersten Mal wirklich sah, das war ein unbeschreibliches Gefühl. Ich erinnere mich, dass ich ganz kurz dachte: Ach, sehen alle Neugeborene so aus? So ein bisschen mongoloid ... Aber das war nur ein ganz kurzer Gedanke, der mich noch gar nicht verunsicherte. Erst mal fand ich sie nur unfassbar und wunderbar.«

» Sie lag auf meinem Bauch und ich war einfach überwältigt von dem, was ich gerade erlebt hatte. Und als die Ärztin sie dann hochhob, um sie zu untersuchen, und mein winziges Baby mir direkt in die Augen schaute, da erkannte ich gleich, dass sie etwas anders aussah. Es war nur ein kurzer Augenblick. So, als ob ich sie ganz und gar erkannt habe. Als die Diagnose Down-Syndrom dann ausgesprochen wurde, war ich zwar total geschockt, aber im Nachhinein hat mir dieses erste ›Erkennen‹ immer wieder Mut gemacht.«

Eltern, denen im Augenblick der Diagnosemitteilung das Gefühl vermittelt wird, dass etwas »ganz Schlimmes« passiert sei, sind in der Regel dann auch auf etwas »ganz Schlimmes« gefasst.

Eine Mutter berichtete mir, dass nach der normal verlaufenen Geburt ihres ersten Kindes schnell Panik ausbrach. Bevor sie ihr Kind überhaupt zu Gesicht bekommen hatte, rannten schon Schwestern und Kinderärzte mit dem Neugeborenen davon. Sie blieb mit ihrem Mann geschockt zurück, ohne erfahren zu haben, was geschehen war. Nach einiger Zeit der Ungewissheit kam die Hebamme zu den frischgebackenen Eltern, schüttelte fassungslos den Kopf und flüsterte: »Es ist etwas ganz Schlimmes passiert ...«, um anschließend den Raum wieder zu verlassen. Die Eltern, wieder sich selbst überlassen, waren sprachlos und schwer erschüttert. Sie dachten, ihr Kind sei tot. Der Vater ertrug die Situation nicht mehr und ließ seine Frau mit den Worten: »Das halte ich nicht aus!« allein zurück. Als endlich die Ärzte kamen, um der Mutter zu erklären, dass ihr Kind behindert sei und mit dem Down-Syndrom geboren worden war, war sie allein. Ihr Partner war geflüchtet, das Kind zur Beobachtung auf der Neugeborenen-Station.

» Das war wie ein Schlag ins Gesicht. Als ob mein Leben vorbei sei. Ich war völlig sprachlos. Für das Kind hatte ich zwar keine negativen Gefühle, aber der Gedanke war da, dass man für etwas bestraft worden sei. Vielleicht weil ich zu Beginn der Schwangerschaft dieses Kind gar nicht hatte haben wollen, es nicht geplant war. Und dann war da der Gedanke, so, jetzt hast du den Dämpfer dafür bekommen, dass du so gedacht hast.«

Eine solche Situation muss Eltern vermitteln, dass eine Katastrophe über sie hereingebrochen ist. Keine Rede davon, dass eben ein wunderbares, einzigartiges Wesen geboren wurde. Ein Kind, das vielleicht bis zu diesem Zeitpunkt als Wunschkind bezeichnet und dessen Ankunft heißersehnt erwartet wurde. Nach dem ersten Schock werden unsere besonderen Kinder oftmals noch intensiver als liebens- und schützenswert empfunden, so als ob sie etwas mitgebracht haben, dass ihnen besonders viel Liebe garantieren soll.

» Ich werde nie den Geruch meiner Erstgeborenen vergessen. Keins meiner anderen Kinder hat dermaßen geduftet! Es war ein Geruch, der sofort meine Mutterinstinkte wachrief und dieses kleine Leben beschützen und lieben wollte.«

Die Geburt eines Kindes mit einer angeborenen, eventuell genetisch bedingten Behinderung ist eine spezielle Situation. Eine Ärztin berichtet, dass die Geburt eines solchen Kindes für viele Ärztinnen und Ärzte in der Geburtshilfe immer noch der Ausdruck medizinischen und somit auch des eigenen Versagens sei – nach dem Motto: »So etwas ist doch heute nicht mehr nötig«. So wurde auch davon berichtet, dass nach der Geburt eines Kindes mit einem klassischen Gendefekt häufig schnell die »Schuldfrage« gestellt wird. Wie alt ist die Mutter? Gab es pränataldiagnostische, positive Befunde? Haben die Eltern womöglich gewusst, dass sie ein behindertes Kind erwarten? In den seltensten Fällen haben mir Paare von einfühlsamen und der Situation angemessenen Reaktionen der Geburtshelferinnen und Geburtshelfer erzählt.

Natürlich gibt es jedoch auch Ärztinnen, Ärzte und Hebammen, die in der Lage sind, diese auch für sie sehr schwierige und belastende Situation gut zu meistern.

>> Meine erste Frage nach der Geburt war wohl klassisch. Ich war noch völlig berauscht vom Erlebnis der Geburt und hatte noch nicht wirklich realisiert, dass wir vor einigen Minuten Eltern geworden waren. Als sie meine Tochter von meinem Bauch hoben, um sie zu untersuchen, da fragte ich automatisch, ob alles in Ordnung sei. Die Ärztin zögerte kurz und sagte dann aber sehr direkt, dass es nicht so aussehe, sie vermute, dass unsere Tochter vielleicht eine Trisomie 21 habe. Ich musste kurz überlegen, bevor mir klar wurde, was die Ärztin damit meinte. Dann gab sie mir meine Tochter zurück, sagte mir, dass ich sie schön warm halten solle und sie erst einmal einen Kinderarzt holen würde. Wir waren völlig geschockt, ich konnte keinen klaren Gedanken fassen. Und dann kam dieser Kinderarzt, strahlte uns an und gratulierte uns zu unserer Tochter! Er bewunderte ihren dichten, schwarzen Haarschopf und wie hübsch sie sei, bevor er uns fragte, ob er sie später für ein, zwei Stunden mitnehmen dürfe. Er habe auch den Verdacht, dass sie ein Down-Syndrom habe, und wolle sichergehen, dass ihr gesundheitlich nichts fehle. Ich werde diesem Arzt ewig dankbar sein. Er sprach in einem Zuge von der geistigen Behinderung und davon, dass es am wichtigsten sei, dass sie gesund ist!«

Mit einfachen und ehrlichen Worten war es diesem Arzt gelungen, den Moment der Apathie, die einen in solchen Schocksituationen befällt, zu durchbrechen. Er erkannte an, dass dieses kleine Wesen willkommen und liebenswert ist, dass der Gesundheitszustand und nicht die zu erwartende geistige Entwicklung im Moment der Geburt von Bedeutung ist. Er verstand, dass es von größter Wichtigkeit ist, dass wir, die Eltern, die wir uns natürlich in der Regel in dieser Situation nicht durch Vernunft oder unseren Kenntnisstand beruhigen können, dabei unterstützt werden, die Aufmerksamkeit auf unser Kind und auf die Gegenwart zu lenken. Dass wir in dieser Situation jemanden brauchen, der uns unser

Kind in den Arm legt, der seine Besonderheit als neuer Mensch hervorhebt und an unsere elterlichen Instinkte appelliert – und dass in diesem Moment nichts dringender ist, als das Neugeborene zu streicheln, es mit allen Sinnen wahrzunehmen und als Familienmitglied anzunehmen.

WARUM IST DIE BEHINDERUNG EIN SCHOCK?

Es ist ganz natürlich, dass in dem Augenblick, in dem eine solche Diagnose ausgesprochen wird, alles andere in den Hintergrund tritt. Junge oder Mädchen, Geburtsgewicht und Größe – alles Dinge, von denen andere Eltern mit großem Stolz berichten – verlieren aufgrund des Ausmaßes der neuen Situation ihre Bedeutung. Behindert, anders, krank … Es bedarf einer gewissen Distanz, um die wahre Bedeutung dieser Schockreaktion zu ergründen. Betrachtet man das Kind, das nach der Geburt erschöpft eingeschlafen ist und häufig friedlich schlummernd das ganze emotionale Chaos um sich herum verträumt, kann man beruhigt davon ausgehen, dass es nicht an seiner Behinderung leidet. Vorausgesetzt natürlich, dass keine schwerwiegenden gesundheitlichen Beeinträchtigungen vorliegen und keine medizinischen Invasiv-Maßnahmen notwendig sind.

Es sind die Eltern, die leiden, die in großen Schritten bereits in die Zukunft geblickt haben und ihr Bild, das sie von behinderten Menschen in Erinnerung haben, mit ihrem Leben zu verknüpfen versuchen.

Menschen mit Beeinträchtigung spielen im Leben vieler Menschen keine Rolle. Man sieht sie manchmal im Bus, in der Straßenbahn auf der Fahrt zur Werkstatt oder in Gruppen im Schwimmbad oder auf Volksfesten. Aber oftmals gibt es keinen persönlichen Bezug. Auch wenn in den letzten Jahren Bilder von Menschen mit Behinderung vermehrt einen Platz in der Öffentlichkeit gefunden haben und es inzwischen viele Bücher und Bildbände gibt, die sich auf wunderbare und ästhetische Art mit diesem Thema beschäftigen, so fehlt doch der allgemeine Zugang. Warum sollte man sich auch mit diesem schwierigen Thema beschäftigen, wenn man nicht selbst betroffen ist?

> Wir haben niemanden in der Familie, der ein behindertes Kind hat, sodass wir auch gar nicht daran dachten, dass es uns treffen könnte. Und es gab auch so keinen Kontakt zu behinderten Menschen.«

In dem Moment, in dem sich mit einer Diagnose scheinbar das ganze Leben in eine Richtung bewegt, die man freiwillig natürlich nicht einschlagen würde, wird man mit der Enttäuschung seiner eigenen Wünsche und Träume konfrontiert. Bei einer genetischen bzw. angeborenen Behinderung werden die Eltern auf unsanfte Art mit der Vielfalt unseres Menschseins konfrontiert. Dieses Kind, das mit der Zugabe eines zusätzlichen Chromosoms oder einer sichtbaren Abweichung von der Norm unsere Welt auf den Kopf stellt, ist kein anderes als das, auf das wir uns neun Monate lang gefreut haben.

> In dieser ersten Nacht nach der Geburt, die mir endlos erschien, hatte ich immer wieder dieses Bild vor Augen, eine Gruppe erwachsener Menschen mit Behinderung, die ich regelmäßig im Bus gesehen habe. Klein, übergewichtig, mit dicken Brillengläsern und altmodischen Klamotten. Keine Ahnung, ob sie 20 oder 50 Jahre alt waren ... Die Erinnerung daran machte mich panisch und ich schaute mir immer wieder mein süßes Baby an und konnte es einfach nicht mit diesen Leuten in Verbindung bringen. Irgendwann wurde ich richtig trotzig und sagte mir selbst, dass dies hier mein Baby sei und nichts anderes. Dass ich gar nichts anderes in ihr sehen möchte. Das hat mir geholfen. Sie in den Arm zu nehmen, ihren Geruch einzuatmen und über ihre winzige Perfektion zu staunen.«

In vielen Gesellschaften ist die Geburt eines Kindes mit großen Enttäuschungen verbunden, wenn statt des ersehnten männlichen Stammhalters »nur« ein Mädchen geboren wurde. »Unvorstellbar und absolut diskriminierend«, denkt der aufgeklärte Mensch von heute. Aber genauso verhält es sich mit der Geburt eines Kindes, das unsere von Menschen und Gesellschaft anerkannte Norm nicht erfüllt. Erst wenn man die Einzigartigkeit, die Möglichkeiten und Ressourcen erkennt, die sein besonderes Kind mit sich bringt, wird man wieder zu seinen Träumen und Hoffnungen zurückkehren können.

» Durch die Tochter meiner Schwester, die wegen Sauerstoffmangels unter der Geburt schwer behindert ist, war uns bewusst, dass es Menschen mit einer geistigen Behinderung gibt, die wir nicht aus unserer Gesellschaft wegdiskutieren können. Dass es so wie bei uns über eine Chromosomenveränderung passieren kann oder wie bei Freunden, deren Kind mit 1 ½ Jahren unglücklich stürzte und schwere Behinderungen davongetragen hat. Also, man kann im Grunde genommen Krankheit und Behinderung nie ausschließen. Es hört sich vielleicht komisch an, aber ich denke, man muss sich einfach für das Leben entscheiden. Und wir haben uns bei der Geburt unserer beiden Söhne für das Leben entschieden.«

Womit man wieder an dem Punkt der weichenstellenden Verantwortung der Person wäre, die die Diagnose mitteilt. Alle betroffenen Familien, mit denen ich gesprochen habe, waren einhellig der Meinung, dass Ehrlichkeit und das Gefühl, ernstgenommen und in seiner Autorität als Eltern wahrgenommen zu werden, von größter Wichtigkeit sind – so jung und unerfahren man in dieser Situation auch sein mag.

Auf der einen Seite sollte man denken, dass der Anspruch an Ärztinnen, Ärzte und Hebammen, in diesen Situationen angemessen agieren zu können, vollkommen berechtigt ist. Allerdings ändert dieser Anspruch nichts an dem Stellenwert, die Menschen mit Behinderung in unserer Gesellschaft zurzeit haben. Solange man gegen Diskriminierung und für eine Gleichstellung kämpfen muss, kann man auch nicht von einer natürlichen Empathie in der Ärzte- und Hebammenschaft ausgehen. Auch sie sind nur Menschen und haben ebenso mit Vorurteilen und Ängsten zu kämpfen wie jeder andere auch. Allein ein weißer Kittel bedeutet noch lange nicht, dass man von der Person darin Mitgefühl oder Verständnis erwarten kann, auch wenn es aus professioneller Sicht so sein sollte. Wie überall sonst ist Aufklärung der beste Weg zu einer langfristigen gesellschaftlichen Veränderung.

TRENNUNG VOM KIND
NACH EINEM DRAMATISCHEN GEBURTSVERLAUF

Eine veränderte Ausgangssituation, die für die Eltern schwer auszuhalten und häufig traumatisch ist, tritt ein, wenn unter der Geburt Komplikationen auftreten und das Kind unmittelbar nach der Entbindung von der Mutter getrennt wird. Neun Monate war man mit diesem Kind aufs Engste verbunden, hat es in sich getragen, Tag und Nacht miteinander verbracht, die Ernährung auf sein Wohlergehen abgestimmt und ist abends mit dem Gedanken an das Ungeborene eingeschlafen, um morgens als erstes wieder mit allen Sinnen auf dieses Kind in seinem Inneren zu lauschen.

» Kurz vor der Geburt wurde mir bewusst, dass Schwangerschaft etwas ganz Tolles und Schönes ist, aber dass es jetzt keinen Weg mehr zurück gibt. Ich hatte Angst vor der Geburt und mir wurde bewusst, dass dieses Kind jetzt wirklich kommt, mit allen Konsequenzen, und auch bleiben wird.«

Eine anstrengende Geburt, schmerzhaft für die Mutter und bedrohlich für das Kind, kann in invasiven Maßnahmen mit anschließender sofortiger Verlegung des Kindes in eine geeignete Kinderklinik mit Intensivstation gipfeln. In den meisten Fällen eilt der Vater dem Kind in die Kinderklinik hinterher, was natürlich und nachvollziehbar ist. Zurück bleibt die frisch entbundene Mutter, allein mit ihren Sorgen und Ängsten und den traumatischen Geburtserfahrungen.

Wer ein Kind geboren hat, weiß, welche Emotionen mit einer Geburt einhergehen. Nie wieder im Leben ist man so nackt und verletzbar wie im Augenblick der Geburt eines Kindes. Eine Frau, die neues Leben schenkt, leistet Höchstarbeit. Es bedarf einer absoluten Konzentration und eines Sich-Einlassens, um von der Wucht des Geburtsvorganges nicht überrollt zu werden. Die Belohnung am Ende dieses Weges ist das Kind, das man im Arm hält. Wie ergeht es nun den Müttern, deren Kind sofort ärztlich versorgt werden muss, die es nicht im Arm halten können?

» Nach der Geburt kam ich in ein Zwei-Bett-Zimmer, gemeinsam mit einer weit entfernten Bekannten, die auch gerade ein Mädchen geboren hatte. Sie lag dort mit ihrem Baby und ich war allein. Auch wenn sie sehr rücksichtsvoll war und alle sich wirklich sehr um mich bemüht haben, ich hatte nur das Verlangen, zu meinem Kind zu kommen ... Mein Mann rief mich einige Stunden nach der Geburt aus der Kinderklinik an. Die nächsten Stunden würden darüber entscheiden, ob unser Sohn überleben würde ... Es am Telefon zu erfahren, war schrecklich. Einfach schrecklich! Ich war ganz allein im Zimmer und es war abends und dann so eine Nachricht ... Der schlimmste Gedanke war, dass ich ganz allein bin, total allein. Ich kannte niemanden mit einem behinderten Kind. Was sollte ich tun? Ich wusste überhaupt nicht, was ich tun sollte. Das war das Allerschlimmste.«

Viele Ärztinnen, Ärzte und Hebammen reagieren angesichts einer angeborenen Behinderung hilflos. Im Gegensatz dazu können sie mit auftretenden Komplikationen während oder unmittelbar nach der Geburt häufig gut umgehen. Lebensnotwendige Entscheidungen müssen in Sekundenschnelle getroffen, geplant und ausgeführt werden. Die Frage, wie das Kind am Ende diese Maßnahmen überleben wird, stellt sich in diesem Fall nicht.

Jedes Elternpaar möchte, dass alles unternommen wird, damit das eigene Kind überlebt. In vielen Kreißsälen wird jedoch ein Unterschied zwischen einer vermeidbaren und einer entschuldbaren Behinderung gemacht: Bei einer angeborenen Behinderung wird nach der Schuld gesucht; bei Komplikationen werden zur Rettung des Kindes auch schwere Folgeschäden in Kauf genommen.

» Es ist das Prinzip der Verantwortung. Die moderne Medizin kann ein viel zu früh geborenes Kind nach einem Herzstillstand wieder ins Leben zurückholen. Auf der einen Seite wird durch die Pränataldiagnostik vermittelt, dass behinderte Kinder nicht mehr sein müssen, aber dann wird um jedes Frühchen und jedes Leben gekämpft. Ertrunkene Kinder werden ins Leben zurückgeholt. Aber die Verantwortung, die moralische und finanzielle, will die Gesellschaft nicht übernehmen.«

Wenn die Akutsituation überstanden und das Kind medizinisch versorgt ist, besteht jedoch auch in dieser Situation die Herausforderung, die Diagnose einfühlsam zu vermitteln. Das Überleben des Kindes ist vorerst gesichert, aber wie es weitergeht und wie man es den Eltern möglichst einfühlend und verständlich erklärt, damit sind viele Medizinerinnen und Mediziner überfordert.

» Nach einiger Zeit ist uns aufgefallen, dass wir keine Arztgespräche mehr hatten. Zu Beginn haben wir täglich mit den Ärzten gesprochen und vom Chefarzt über die Oberärzte, alle waren immer dabei. Wir haben dann ein Gespräch eingefordert und wollten wissen, wie wir diese Entwicklung deuten sollen. Sei das eine positive Entwicklung oder wie sei es zu verstehen? Was heißt das für uns? Der Chefarzt kam dann und fragte, was wir von ihm hören wollten? Ob wir von ihm hören wollen, dass unser Sohn eines Tages Abitur macht und aufs Gymnasium gehen werde? ... Wir wollten doch nur wissen, worauf wir uns einstellen müssen. Er sagte uns dann, dass unser Sohn sich in der nächsten Zeit erst einmal von dieser schlimmen Situation erholen und an dieses Leben gewöhnen muss. Das klang einleuchtend und so haben wir unseren Alltag an den Klinikalltag angepasst.«

Immer wieder berichten Eltern, dass angesichts der lebensbedrohenden Situation, die ihr Kind durchleben musste, die geistige Behinderung, selbst wenn sie schon im Vorfeld diagnostiziert war, keine Rolle gespielt hat. Das Leben scheint stillzustehen, wenn ein Kind mit dem Tod ringt.

Nichts anderes ist mehr von Bedeutung. Umso härter trifft es einen, wenn nach dem Überlebenskampf und der Euphorie der ersten Fortschritte die geistige Behinderung thematisiert wird.

» Ich weiß noch ganz genau, wie es war, als das erste Mal die Rede von einer Behinderung war. Ich war zu dem Zeitpunkt, da war sie schon ein paar Monate alt, eigentlich ganz froh über ihre Entwicklung. Sie hat angefangen, nach Sachen zu greifen, und Blickkontakt gehabt. Und dann war ich wieder zu einer Untersuchung in der Kinderklinik und dort hat mir der Arzt in einer halben Stunde alles aufgezählt, was meine Tochter nicht kann und was ihr alles fehlt. Ich bin gar nicht zu Wort gekommen, um vielleicht auch mal zu sagen: ›Aber sie kann doch …‹ Er hat mir erklärt: So ist das, fertig und Tschüss. Ich dachte, ich bin im falschen Film.«

»WIE SAGE ICH ES?« EXKURS FÜR ÄRZTINNEN, ÄRZTE UND HEBAMMEN

Wie entscheidend gerade die Augenblicke nach der Geburt eines behinderten Kindes sind, in denen die Weichen der gesamten Lebensplanung einer Familie neu gestellt werden, darüber sind leider viele Ärztinnen, Ärzte und Hebammen nicht ausreichend informiert. Manchen ist nicht bewusst, dass sie die Macht haben, mit ihren ersten Reaktionen wesentlich in die Eltern-Kind-Beziehung einzugreifen.

In den allermeisten Fällen fällt die Diagnosemitteilung in den Aufgabenbereich des Arztes. Dies ist zwar aufgrund der Ausbildung und der Fachkenntnisse nachvollziehbar, aber aus Sicht der betroffenen Eltern wäre es oftmals leichter, wenn die Hebamme als Begleiterin der Geburt diese Aufgabe übernehmen würde.

» Als die Presswehen einsetzten, war ich völlig auf die Hebamme fixiert. Sie gab mir genaue Anweisungen, wie ich zu atmen hatte, wann ich pressen sollte, und ich befolgte alles wie ein hypnotisiertes Kaninchen. Deshalb war ich auch ziemlich irritiert, als sie dann den Telefonhörer in die Hand nahm, die anstehende Geburt des Kindes ankündigte und den Platz für eine Ärztin räumte, die ich noch nie gesehen hatte. Was für eine absurde Situation, als die sich dann auch noch höflich mit Namen vorstellte und ich doch nur mein Kind rauspressen wollte.«

Selbst während einer relativ kurzen Klinikgeburt baut insbesondere die Mutter eine Beziehung zu ihrer Geburtshelferin auf. Um die Frau in der Geburtssituation begleiten und unterstützen zu können, ist es wichtig, einen Zugang zu ihr als Mensch zu finden. Hebammen müssen über die besondere Gabe verfügen, sich in die Gebärende einzufühlen und die richtigen Worte zu finden, um auch in kritischen Situationen die werdende Mutter zum Weitermachen bewegen zu können. Dazu kommt natürlich auch die intime Atmosphäre, in der eine Geburt normalerweise abläuft. Häufig ist der Vater des Kindes dabei und allen ist bewusst, dass dieses Kind, das kurz davor ist, geboren zu werden, idealerweise in einem Akt der Liebe und Zweisamkeit entstanden ist. Nun wird die anwesende Hebamme ein Teil dieser Gemeinschaft und oftmals im Nachhinein als wichtiger Bestandteil der Geburt betrachtet.

Demnach wäre es nur natürlich, wenn die Hebamme diejenige wäre, die die Eltern darüber informiert, dass das Kind, dessen Geburt man kurz zuvor gemeinsam erlebt hat, eine Behinderung hat. Hinzu kommt: Für viele Menschen ist alleine die Anwesenheit oder das Hinzuziehen einer Ärztin oder eines Arztes ein Zeichen für einen medizinischen Notfall.

Aber auch Hebammen können sich scheuen, diese Nachricht zu überbringen:

> Es ist nicht immer unbedingt so, dass wir als Hebammen uns im Kreißsaal den Ärzten unterordnen müssen. Gerade in solch einer schwierigen Situation, wenn man den Eltern sagen muss, dass ihr Kind behindert ist, ist es auch für uns leichter, das Feld dem Arzt zu überlassen. In der Regel reißen die sich auch nicht um so eine Aufgabe ...«

Bei der Hausgeburt eines Kindes mit Down-Syndrom erkannte die anwesende Hebamme zwar die Behinderung, sprach ihren Verdacht jedoch nicht aus. Alle Beteiligten spürten, dass etwas nicht so war, wie es sein sollte, aber niemand fand die richtigen Worte. Die Hebamme rief direkt nach der Entbindung einen Notarztwagen und begründete dies mit Anpassungsschwierigkeiten des Neugeborenen. Es herrschte eine allgemeine Sprachlosigkeit. Während die Mutter mit der Geburt der Nachgeburt beschäftigt war, standen plötzlich zwei Rettungssanitäter in Signal-Montur im Raum und drängten auf die Abfahrt ins Klinikum. Im Krankenhaus angekommen, wurden Mutter und Kind getrennt. Sie kam in ein sogenanntes Elternzimmer, ihr Neugeborenes auf die Kinder-Intensiv-Station. Es sollten noch einige Stunden vergehen, bis endlich ein Arzt kam und ihr von der Behinderung ihres Kindes berichtete.

» Ich habe gedacht, das ist ja ganz fürchterlich! Wieso haben wir ein behindertes Kind? Das will ich gar nicht, das kann ich gar nicht. Ich möchte kein behindertes Kind haben, das schaffe ich doch gar nicht. Ich habe doch noch tausend Pläne! Ich will irgendwann wieder berufstätig sein, wieder arbeiten ... Das passt jetzt nicht, das geht einfach nicht!«

Im Nachhinein war die Dramatik der Situation völlig unangebracht. Rein menschlich mag es nachvollziehbar sein, dass keiner gerne die Verantwortung über ein so einschneidendes Erlebnis wie die Nachricht, dass das eben geborene Wunschkind behindert ist, übernehmen möchte. Und das, obwohl doch jeder weiß, dass in der Geburtshilfe immer wieder Probleme auftreten und es zu den Aufgaben von Ärztinnen, Ärzten und Hebammen gehört, dass sie manchmal Balanceakte der Kommunikation ausführen müssen.

Als Überbringer der Diagnose muss man sich darauf einstellen, dass man den ersten Schock und die darauf folgende Trauer nicht gänzlich vermeiden kann. Egal, wie empathisch und rücksichtsvoll man sein wird: Die Eltern werden trotzdem mit einer Tatsache konfrontiert, die weitreichende Konsequenzen für ihr weiteres Leben und ihre gesamte Familie bedeutet.

Wesentlich erscheint mir, dass man in dieser Situation sein Bestmögliches tut. Alle professionellen Helferinnen und Helfer sollten sich bereits im Vorfeld mit einer solchen Situation gedanklich auseinandergesetzt haben. Denn auch für sie ist die Geburt eines behinderten Kindes mit Emotionen verbunden. Wer sich erst im Kreißsaal und im akuten Moment damit konfrontiert sieht; eine solche Diagnose den Eltern mitzuteilen, dem geschieht es eher, unbedachte Bemerkungen oder Formulierungen mit weitreichenden Folgen zu äußern. Es ist also gut, eine Art »Plan B« im Hinterkopf zu haben: Was sage ich, wenn nicht »alles in Ordnung« ist? Als Vorbereitung kann eine Gesprächsrunde im Team dienen, vielleicht besteht auch die Möglichkeit einer Fortbildung.

Wie möchte man selbst in einer solchen Situation behandelt werden? Wenn man sich mit diesem Ansatz dem Thema nähert, werden einem relativ schnell die wichtigsten Verhaltenspunkte bewusst: angefangen vom Zeitpunkt über die räumliche Atmosphäre bis hin zur richtigen Wortwahl. Zu einer bewussten Auseinandersetzung mit dem Thema gehört natürlich auch die Absprache im Team, wer zuständig ist.

WAS FÜR DAS GESPRÄCH WICHTIG IST

Wird ein Kind mit einer geistigen Behinderung geboren oder erfordert die Situation ein Diagnosegespräch, sind folgende, leicht zu erfüllende Punkte zu beachten:

ZEIT
- … für das Gespräch: Schalten Sie das Handy aus und sorgen Sie dafür, dass Sie nicht gestört werden!
- … für die Eltern, um die Fassung wiederzuerlangen: Es wäre gut, einen Raum nutzen zu können, den die Eltern nach Gesprächsende nicht sofort räumen müssen, sondern in dem sie die Gelegenheit haben, sich zu sammeln, bevor sie wieder unter Menschen müssen.
- … für anschließende Gespräche: Traumatische Erlebnisse müssen häufig immer und immer wieder erörtert, erfragt oder erzählt werden.
- … für einen anschließenden Besuch am Wochenbett: Viele Eltern berichten von der Zuwendung, die sie empfunden haben, wenn die anwesende Hebamme oder Ärztin später noch einmal nach ihnen geschaut und so ihr Interesse auch nach dem Dienst bekundet hat.

RÄUMLICHKEITEN
- Wenn möglich, sollte das Gespräch in einem Raum stattfinden, der eine »Wohlfühl-Atmosphäre« vermittelt: Vielleicht steht ein »Still-Raum« zu Verfügung.
- Muss ein »weißer Kittel« sein?
- Sinnliche Eindrücke zählen: deshalb bitte keine Neonbeleuchtung, kein Durchgangsraum, kein laufender PC-Monitor und keine Ak-

tenberge anderer Patienten, die zwischen Ihnen und den Eltern Raum einfordern.

IM GESPRÄCH
- Auf jeden Fall sollten Sie zur Geburt des Kindes gratulieren!
- Das Kind sollte während des Gesprächs, wenn möglich, bei den Eltern auf dem Arm sein.
- Informieren Sie niemals ein Elternteil alleine! Steht nur ein Elternteil für ein Gespräch zur Verfügung, fragen Sie, ob eine Vertrauensperson hinzukommen kann.
- Betrachten Sie die Eltern von Beginn an als Autorität für ihr Kind und nehmen Sie sie in die Verantwortung!
- Vermitteln Sie im ersten Gespräch nicht zu viele Informationen, diese können von den Eltern in der anfänglichen Schocksituation nicht aufgenommen werden.
- Heben Sie die positiven Eigenschaften des Kindes hervor: Stellen Sie das Kind in den Mittelpunkt, nicht die Behinderung!

NACH DEM GESPRÄCH
- Stellen Sie gutes Info-Material zur Verfügung!
- Stellen Sie vor der Entlassung sicher, dass die Familie auch im Anschluss Hilfe und Unterstützung erhält!

»WAS WÄRE WENN?« GEBURTSVORBEREITUNG

» Tim entsprach nicht meiner Idealvorstellung eines Kindes. Ich habe es so natürlich nie zugegeben oder gesagt, aber gedacht habe ich es schon. Und ich habe mir immer die Schuld gegeben. Habe es auf den Kaiserschnitt geschoben und auf die mangelnde Bindung. Die Bindung, die wir nicht haben aufbauen können.«

Ein wesentlicher Grund für diese Entwicklung, die häufig bereits zu Beginn der Familienbindung angelegt wird, ist die Tatsache, dass viele Paare sich im Vorfeld nicht darauf eingestellt haben, dass sie ein behindertes Kind bekommen könnten.

» Wir haben in unserer Partnerschaft nicht über die Möglichkeit einer Behinderung des Kindes gesprochen.«

Für alle Eltern ist die Geburt eines gemeinsamen Kindes an sich schon eine große Herausforderung und immer wieder auch ein Prüfstein für die Partnerschaft. Niemand von uns ist als Mutter oder Vater geboren worden. Wir alle müssen mehr oder weniger in diese neue Situation hineinwachsen. Diese Entwicklung ist sehr individuell: Unsere bisherigen Erfahrungen prägen unser Verhalten bewusst und unbewusst. Das, was wir an familiärer Geschichte in uns tragen, lässt uns vielleicht ganz entschieden eine bestimmte Erziehungsrichtung einschlagen. Wer viel Gutes erlebt hat, nimmt sich vor, dies an seine eigenen Kinder weiterzugeben. Wer unter Streit und Trennung gelitten hat, wird sich bemühen, genau diese Aspekte in der Erziehung des eigenen Kindes anders handzuhaben. Und wer in seiner Familie oder im näheren Umfeld den Umgang mit behinderten Menschen erlebt hat, dem werden diese Erfahrungen vielleicht helfen können, die Diagnose der geistigen Behinderung des eigenen Kindes leichter anzunehmen.

» Für meinen Mann war die Behinderung gar nicht so ein Problem. Dadurch, dass er mit einem geistig behinderten Bruder aufgewachsen ist, war ihm die Situation schon eher vertraut. Ich kam manchmal an den Punkt, an dem ich dachte, jetzt geht es nicht mehr, jetzt kracht alles zusammen. Aber mein Mann wusste wohl auch durch die Behinderung seines Bruders, dass es doch weitergeht. Für mich war das alles Neuland. Ich dachte, das schaff ich nicht. Oder dass ich nachts nicht schlafen konnte und mir über alles Mögliche Gedanken gemacht habe. Mein Mann war mir da eine große Stütze, der mich immer wieder aufgefangen hat.«

THEMA IM GEBURTSVORBEREITUNGSKURS?

Es ist ein großes Problem, dass das Thema »behindertes Kind« ein Tabu in der Schwangerschaftsvorbereitung ist. Wer die Möglichkeit hat, sich bereits im Vorfeld mit dem Gedanken zu beschäftigen, hat auch die Chance, Strategien für den Fall der Fälle zu entwickeln.

» Ich glaube, man wäre anders mit der Situation umgegangen, wenn die Hebamme im Vorbereitungskurs mal konkret darüber gesprochen hätte, dass das Kind vielleicht nicht topfit ist. Oder dass es zu einem Sauerstoffmangel kommen kann.«

Das Thema »behindertes Kind« setzt insbesondere in der Geburtsvorbereitung eine hohe Sensibilität im Umgang mit werdenden Eltern voraus. Oft wird argumentiert, dass Eltern dieses Thema in der Geburtsvorbereitung nicht besprochen haben möchten: Es provoziere unnötige Ängste, die diese Zeit belasten, die doch von einer hoffnungsvollen Stimmung geprägt sein sollte. Viele Paare würden jedoch davon profitieren, eine Möglichkeit zu bekommen, sich in einem geschützten Rahmen gedanklich mit dieser Situation auseinanderzusetzen. Erst im Nachhinein, wenn Eltern von der Diagnose »behindertes Kind« überrascht und überrollt wurden, wächst bei manch einem die Erkenntnis, dass eine frühzeitige Auseinandersetzung hilfreich gewesen wäre. Eltern, die diese bittere Erfahrung gemacht haben, wünschen sich für nachfolgende Familien bessere Voraussetzungen.

》 Jetzt denke ich, dass es gut gewesen wäre, wenn wir vorher mal darüber geredet hätten. Was wäre wenn und so. Ich habe zwar während der Schwangerschaft auch manchmal Angst gehabt, aber die habe ich dann einfach weggeschoben. So, als ob es ein schlechtes Omen wäre, darüber zu reden. Eigentlich total blöd ... Es ist ja doch so gekommen. Es hätten vielleicht viele Ängste und Missverständnisse vermieden werden können.«

Während meiner dritten Schwangerschaft machte ich die Erfahrung, dass das Thema »behindertes Kind« zwar ungern in einem größeren Kreis angesprochen wird, aber die anderen Schwangeren, die ich in einem Vorbereitungskurs kennenlernte, interessiert und aufgeschlossen für meine Erfahrungen waren. Da ich stets sehr offensiv mit der Existenz meiner ältesten, behinderten Tochter umgehe, wussten nach der Vorstellungsrunde alle, dass ich ein Kind mit einer geistigen Behinderung habe. Nach und nach sprach mich fast jede der Frauen an und erkundigte sich nach den Umständen dieser Geburt und der Diagnose. Es war keine Rede von einer angeblichen Unangemessenheit dieser Thematik in einer Runde von Schwangeren. Im Gegenteil: Ich hatte das Gefühl, dass viele erleichtert waren, dieses Thema und die damit einhergehenden Sorgen ansprechen zu dürfen. Für die anderen werdenden Mütter war es beruhigend, an einem lebenden Beispiel zu sehen, dass ein Weiterleben möglich ist. Ich hätte mir gewünscht, meine Erfahrungen in einer gemischten Gruppe mit Müttern und Vätern weitergeben zu können.

Deshalb bin ich davon überzeugt, dass das Thema in die Geburtsvorbereitung gehört. Natürlich muss man den richtigen Weg finden, um Mütter und Väter nicht unnötig zu verängstigen. Aber man kann zum Beispiel von einem Fall ausgehen, in dem das einzelne Paar sich nicht mit der Möglichkeit einer eigenen Betroffenheit konfrontiert sieht, indem man fragt, wie die Gruppe insgesamt damit umgehen würde, wenn ein Paar aus ihrer Mitte ein behindertes Kind bekommen würde. Wie sehen die Reaktionen aus? Darf man gratulieren? Schenkt man trotzdem eine Kleinigkeit? Wie würde man selbst gerne behandelt werden? Was tun wir, wenn wir sehen, dass es den Eltern sehr schlecht geht? Dies könnte ein Weg sein, sich mit dem Fall der Fälle konstruktiv auseinanderzusetzen, ohne Ängste zu schüren.

ALS PAAR DARÜBER REDEN

Die Zeit der Schwangerschaft ist für viele Paare die Chance, sich selbst und ihre Rolle in dieser neu erschaffenen Gemeinsamkeit kennenzulernen. Leider ist es noch immer so, dass selbst in unseren aufgeklärten Zeiten die Mutter viele Dinge mit sich alleine ausmacht. Auf die Angst davor angesprochen, ein behindertes Kind zu bekommen, reagieren viele werdende Väter mit Pragmatismus. »Mach dich doch nicht verrückt! Das gab es bei uns doch noch nie, warum sollten dann ausgerechnet wir ein behindertes Kind bekommen?« oder »Wie wahrscheinlich ist es, dass ausgerechnet wir ein behindertes Kind bekommen?« sind Aussprüche, die die Befürchtungen der Schwangeren als Belanglosigkeit oder übertriebene Hysterie verharmlosen und die eigene Angst in hohle Phrasen hüllen. Es wäre sehr viel konstruktiver, sich in einem einmaligen Gespräch ernsthaft mit der Möglichkeit zu befassen.

》 Ich habe immer gesagt, dass es letztendlich fünfzig-fünfzig sei. Entweder es geht alles gut, oder es geht eben nicht gut. Dazwischen gibt es nichts. Wahrscheinlichkeiten hin oder her. Wenn es dich trifft, nützen dir auch keine Statistiken.«

Die Befürchtung, ausgesprochene Ängste könnten sich bewahrheiten, lassen einen verstummen. Dabei tut es gut, seine Besorgnis einmal laut auszusprechen – sowohl was die Ängste der Mutter als auch die Sorgen des Vaters anbelangt. Kleidet man seine Furcht in Worte, so kann man ihr einen Großteil des Schreckens nehmen. In einem Gespräch besteht die Möglichkeit, einen gemeinsamen Weg zu finden, falls man tatsächlich Eltern eines behinderten Kindes wird. Wer sich im Moment der Diagnose auf die zuvor getroffenen Lösungsstrategien beziehen kann – und sei es auch nur der einmal ausgesprochene Satz: »Egal, was kommt, wir schaffen alles zusammen« –, hat große Chancen, den anfänglichen Schock abzumildern.

》 »Das Allerschwerste war es, meinen Mann anzuschauen. Unser Baby lag noch ganz feucht und nackt auf meinem Bauch und die Ärztin hatte gerade gesagt, dass sie glaubt, dass unsere Tochter ein Down-Syndrom hat. Und dann meinen Mann anzuschauen ... Das war unglaublich schwer. Es war wie ein Riesengewicht auf mir, auf meinen Augen. Ich hatte so Angst, dass dieser Moment mir zeigen würde, dass ich ab jetzt allein bin. Und dann hatte ich es endlich geschafft und mein Mann lächelte mich an und ich wusste, dass wir zusammen alles schaffen werden.«

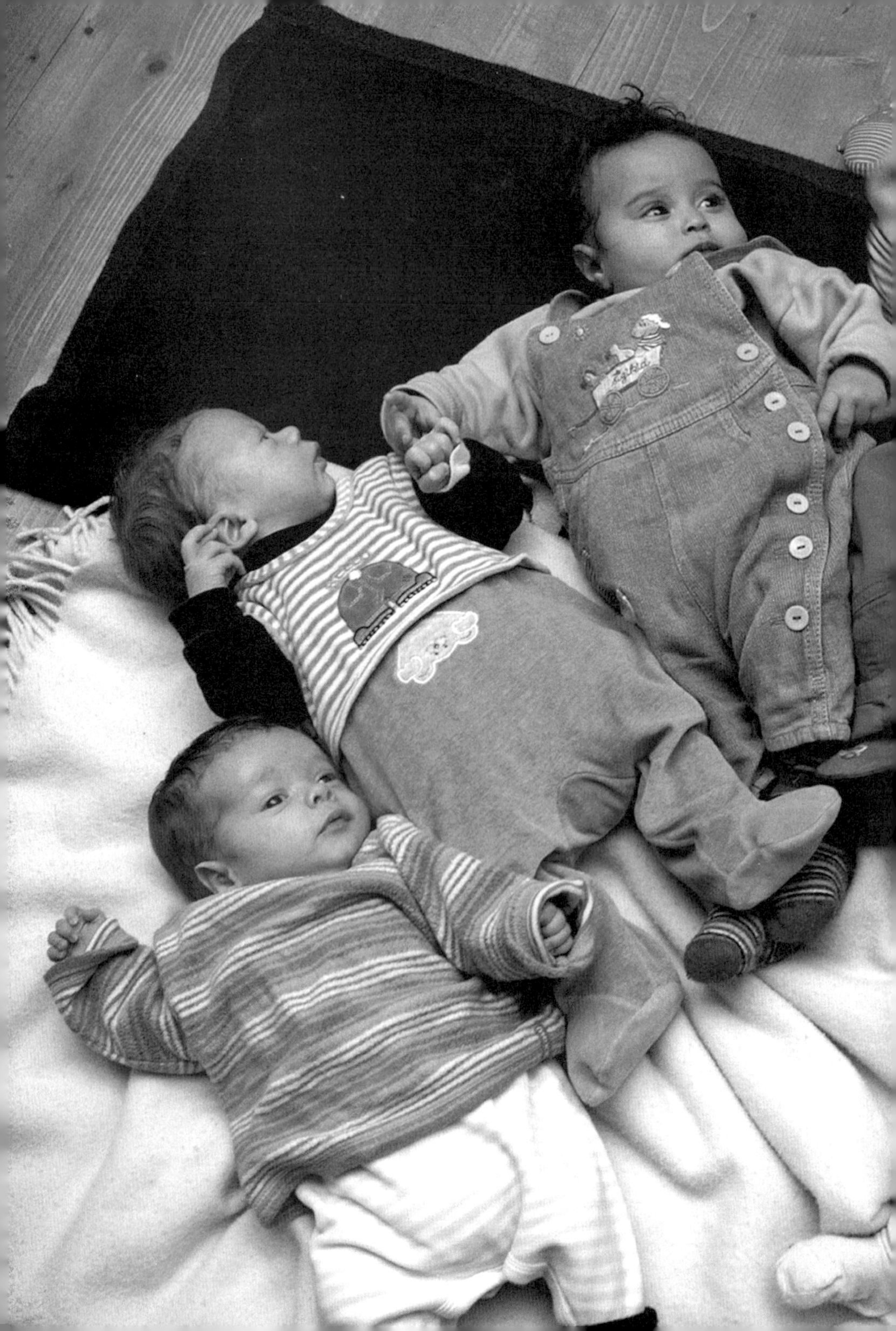

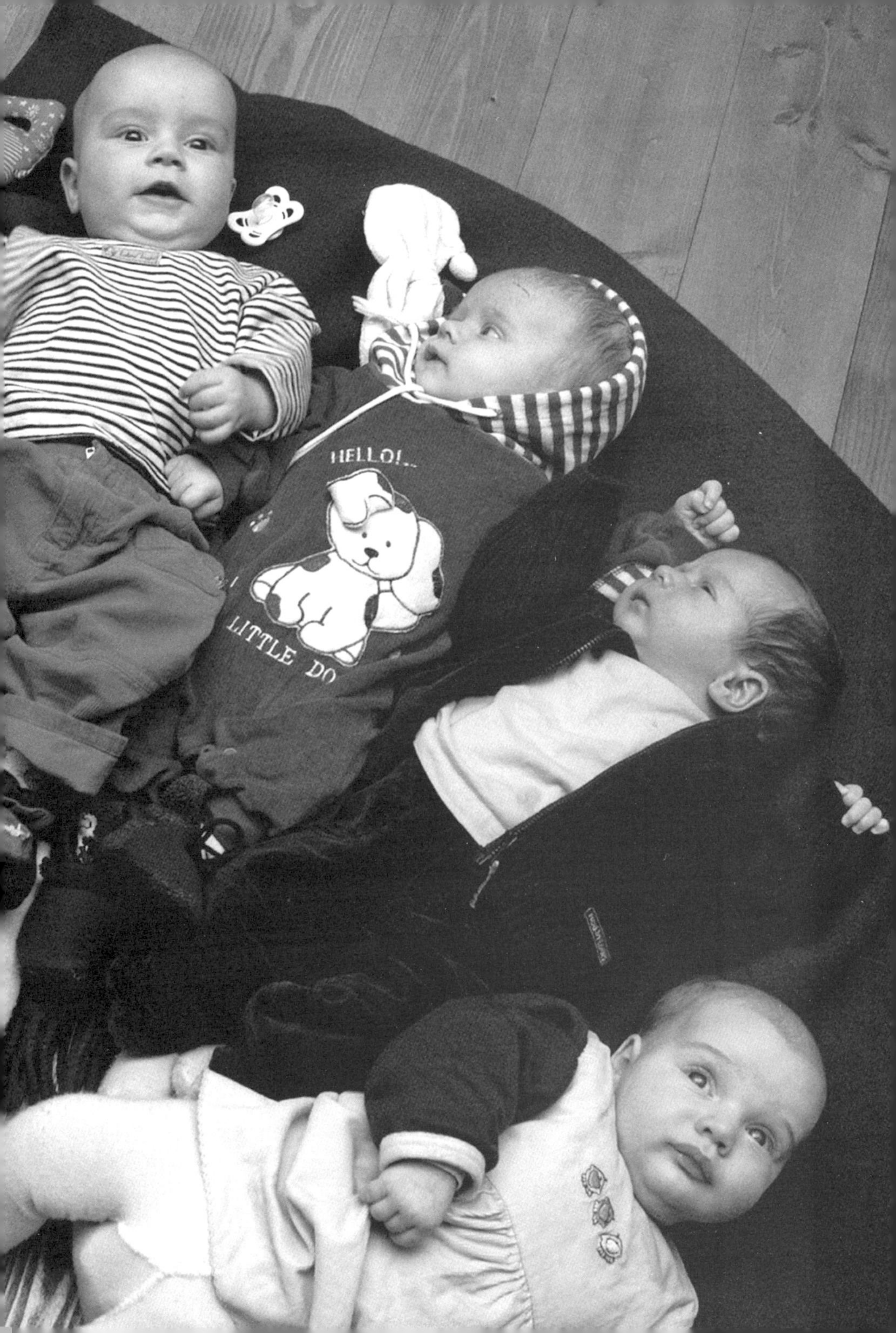
HELLO!..
LITTLE DO

»WIR WISSEN NICHT, WAS ER HAT«: DIAGNOSEN, VERMUTUNGEN UND ERWORBENE BEHINDERUNGEN

》》 Eine bestimmte Schublade, in die man sie mit ihrer Diagnose hineinstecken könnte, gibt es eigentlich nicht.«

Viele Familien durchleben eine Odyssee, bis sie wissen, warum ihr Kind sich nicht altersgemäß entwickelt. Und eine Vielzahl von Eltern erfährt niemals, welchen Grund die Behinderung ihres Kindes hat, da nicht alle Behinderungsbilder wissenschaftlich erfasst und erkannt sind. So werden die Symptome zusammengefasst und man versucht, anhand einer Syndrom-Liste die größtmögliche Übereinstimmung zu finden.

》》 Wenn wir jetzt ein blindes Kind hätten, dann könnten wir sagen, okay, unser Kind ist blind, da müssen wir uns schlau machen, was wir tun können, aber man kann sich wenigstens an etwas orientieren. Aber wir wissen nicht, was Leo hat, wo es noch hingeht, und das schlaucht unheimlich. Es zerrt und kostet so viel Kraft.«

Zu Beginn meiner Arbeit an diesem Buch nahm ich mir fest vor, eine möglichst große Gruppe von Menschen anzusprechen. Weil wir selbst eine Tochter mit Trisomie 21 haben, stand uns von Anfang an eine relativ große Menge an Informationsmaterial zur Verfügung. In den vergangenen Jahren hat die Zahl der Veröffentlichungen zu diesem Thema weiter zugenommen. Neben der klassischen Fachliteratur füllte sich unser Bücherregal mit Kinderbüchern und Fotobänden, die sich alle mit der häufigsten angeborenen geistigen Behinderung, dem Down-Syndrom, auseinandersetzen. In meinen Gesprächen mit Familien waren dann auch viele Mütter mit einem Kind mit Down-Syndrom vertreten.

In Gesprächen mit Familien, die eine andere oder gar keine Diagnose für die Besonderheiten ihres Kindes haben, wurde immer wieder die

Ungerechtigkeit zum Ausdruck gebracht, dass es so viel Material über Menschen mit Down-Syndrom gibt, aber kaum etwas über all die anderen Erscheinungsformen. Dabei gleichen sich viele Bereiche im Leben mit einem Kind mit Down-Syndrom und dem Leben eines Kindes mit einer anderen geistigen Behinderung. Insbesondere die Probleme bei der Diagnosevermittlung, der Durchsetzung der Rechte unserer Kinder oder der emotionalen Bedürftigkeit von uns Eltern sind häufig dieselben. Das, was uns allen gemeinsam ist, ist ein besonderes Kind, das uns vom Schicksal anvertraut wurde und uns täglich herausfordert, das Leben zu meistern.

In diesem Sinne habe ich mich sehr bemüht, allen betroffenen Familien gerecht zu werden und einen Konsens zu finden, in dem sich alle ein Stück weit wiedererkennen können. Allerdings unterscheidet sich die Lebenssituation und auch die Lebensqualität von Familien, die eine konkrete Diagnose für ihr Kind haben, von denen der Familien, die über lange Zeit im Unklaren darüber sind, was ihrem Kind fehlt. Dieser belastende Umstand muss in der Betreuung und im Umgang mit betroffenen Familien eigens betrachtet werden.

》 Es gibt leider keine klare Diagnose. Beide Kinder haben die gleiche Behinderung. Aber was es ist, das kann mir keiner sagen. Wir haben letztes Jahr wieder einmal Blut über das Humangenetische Institut verschickt, man hat uns aber gesagt, dass das Ergebnis, wenn es überhaupt eins gibt, ein bis zwei Jahre auf sich warten lassen kann.«

So schlimm die Diagnose Down-Syndrom, Prader-Willi oder die anderer bekannter und erforschter Behinderungsbilder ist: Nicht zu wissen, was seinem Kind fehlt, ist häufig eine wesentlich belastendere Situation für betroffene Familien. Und so beängstigend das Wissen um mögliche Defizite auch sein mag, das Nicht-Wissen und die Ungewissheit zermürben ganz besonders.

In diesem Zuge muss jedoch auch erwähnt werden, dass eine festgestellte Behinderung mit einem konkreten Namen und bekannten Behinderungsbild und -verlauf noch nichts über die individuelle Ausprägung beim einzelnen Kind aussagt. Down-Syndrom ist nicht gleich Down-Syndrom. Im Laufe der Jahre habe ich die unterschiedlichsten Kinder mit der Diagnose Trisomie 21 kennengelernt. Von schwerster geistiger Behinderung bis zur eingeschränkten Lernfähigkeit war innerhalb dieses Syndroms so gut wie alles vertreten. Eltern, die sich durch den Bekanntheitsgrad eines bestimmten Syndroms benachteiligt fühlen, sollten wissen, dass auch Familien dieser Kinder häufig durch unvorhersehbare Entwicklungen überrascht werden.

BEHINDERUNGEN, DIE SICH ERST IM LAUFE DER ZEIT ZEIGEN

Neben diesen Schicksalen gibt es die Familien, deren Kind erst im Laufe der Zeit erkennen lässt, dass eine geistige Behinderung vorliegt.

> Der Druck war unheimlich groß. Ich bin in Ostdeutschland aufgewachsen und als Tim mit drei Jahren immer noch nicht trocken war, hieß es gleich, ich könne ihn nicht richtig erziehen, er sei verwöhnt usw. Und auch mit seiner Sprachentwicklung war es ähnlich. Er hinkte ewig hinterher. Das war dann auch der Moment, wo ich sauer auf ihn wurde und auch anfing, ihn anzumeckern. Im Nachhinein bereue ich es so sehr. Er konnte ja nichts dafür.«

Irgendwann fällt auf, dass das eigene Kind nicht mit anderen Kindern mithalten kann. Es ist mit allem immer der oder die Letzte. Alle anderen Babys in der Mutter-Kind-Gruppe beginnen im Laufe des ersten Lebensjahres, zu krabbeln und dann zu laufen. Nur das eigene Kind ist mit der Rückenlage sichtlich zufrieden. Die anderen Kinder stellen bereits in Zwei-Wort-Sätzen Forderungen an ihre Mütter, während man selbst noch immer mit einem Krabbelkind auf dem Boden sitzt und bemüht ist, sich an die Aussagen des Kinderarztes zu klammern, dass das eigene Kind halt ein Spätzünder, aber alles im grünen Bereich sei.

» Als er dann in die erste Kindergruppe ging, so mit zwei Jahren, da fing es an aufzufallen. Die anderen Kinder begannen zu malen, unser Sohn nicht. Sie fingen an, mit der Schere zu schneiden, unser Sohn nicht. Er sprach zwar schon in Drei-Wort-Sätzen, saß aber immer noch im Kinderwagen. Meine Freundinnen sagten da schon, dass das doch nicht mehr nötig sei, deren Kinder liefen zu dem Zeitpunkt alle schon. Aber trotz alledem haben wir das alles noch nicht als anormal angesehen.«

Dann kommt der Tag, an dem man erfährt, dass doch nicht alles im »normalen Rahmen« verläuft. Vielleicht gibt es eine Diagnose, vielleicht aber auch nur beunruhigende Vermutungen. Die Hinweise auf Frühförderung, Anträge auf Pflegeversicherung und Schwerbehindertenausweis verdeutlichen einem jedoch, dass auch ohne konkrete Diagnose auf einmal alles anders ist.

Und jetzt, genau in diesem Augenblick, in dem wir Eltern uns in einem städtischen Kinderzentrum oder in einer Arztpraxis befinden und unser Leben stillzustehen scheint, möchte ich rückblickend die Aufmerksamkeit auf das Kind lenken. Ist es ein anderes als die Monate zuvor im Mutterleib? Nein, es ist genau das Kind, auf das wir uns die ganze Zeit gefreut haben, dessen Tritte wir täglich durch die Bauchdecke sanft mit einem innigen Druck unserer Handfläche erwidert haben und das geprägt von unserer Liebe zu ihm ist. Ob es schon etwas älter ist und nun lachend mit der Ergotherapeutin im Bällebad spielt oder schlafend im Kinderwagen liegt: Es ist noch immer unser Kind und gänzlich unverändert. Was sich verändert hat, ist unser Bild von unserem Kind. Dieser Gedanke kann uns in besonders schlimmen Momenten helfen, nicht den Boden unter den Füßen zu verlieren.

» Wir waren in einem Therapieraum, gemeinsam mit einer Ärztin, der Humangenetikerin, wir zwei und die beiden Kinder. Ich blieb stehen, dachte: Egal, was jetzt kommt, ich höre es mir im Stehen an, meine Frau saß am Tisch …«

> Sechs Wochen nach dem ersten Termin wurden wir dann wieder ins Kinderzentrum eingeladen. Wir sollten bitte kommen, sie wollten mit uns sprechen. Ja, und dann teilten sie uns die Diagnose mit. Frida krabbelte um den Tisch, Tim war im Bällebad und wir saßen da und haben nur noch geheult. Und die Ärztin schob uns währenddessen ein Formular des Versorgungsamts über den Tisch und sagte: ›Beantragen Sie dann hier erst einmal einen Schwerbehindertenausweis.‹

DER UMGANG MIT ERWORBENEN BEHINDERUNGEN

Ich durfte auch an den Erfahrungen von Vätern und Müttern teilhaben, deren Kinder aufgrund eines schweren Badeunfalls oder durch Komplikationen während der Geburt geistige Behinderungen davontrugen.

Wenn ein gesundes Kind sich durch einen Unfall von einem Tag auf den anderen völlig verändert, stellt das eine besondere emotionale Herausforderung für die Eltern und Familien dar. Während wir uns nach der Geburt eines geistig behinderten Kindes von unseren Vorstellungen und Erwartungen verabschieden müssen, steht in diesem Fall ein realer Verlust einer geliebten Persönlichkeit an. Nicht die Person ist gestorben, aber viele Aspekte der Persönlichkeit sind durch den Schicksalsschlag verlorengegangen. Anders ausgedrückt: Sie sind nicht mehr als der Mensch, der sie einst waren, für uns erreichbar.

> Ich habe mir so sehr gewünscht, die alte Emma noch einmal zu treffen, sie noch einmal zu sehen, wie sie mit drei Jahren war, vor dem Unfall ... Eines Tages will ich zurück an den Ort, wo wir so glücklich waren, und Emma dort suchen. Und ich weiß genau, wo ich mit dem Fahrrad entlangfahren werde. Wege, die wir gemeinsam zurückgelegt haben. Vor allem möchte ich unbedingt an den Strand, wo wir so schöne Zeiten erlebten. Und dann möchte ich zu diesem Strand fahren und etwas ins Meer schicken und dann ist sie, die alte Emma weg ... Ich muss dort allein hin und Abschied nehmen.«

Für betroffene Familien ist dieser Verlust mit der Trauer um ein tatsächlich gestorbenes Kind vergleichbar. Und während die Welle der Trauer über ihnen zusammenbricht, ist da die Verantwortung und Verpflichtung, das reale Kind mit seiner veränderten Persönlichkeit und den häufig einhergehenden gesundheitlichen Einschränkungen aufzufangen, es anzunehmen und unter Umständen zu pflegen. Ohne Rücksicht auf den Ausnahmezustand der eigenen Seele gilt es, die neuen Lebensumstände zu ordnen. Einen Weg für seine Trauer zu finden, obwohl man sich über das Überleben, die neue Lebenschance seines Kindes freuen möchte. Nicht zu vergessen, dass Geschwisterkinder wie gewohnt geliebt, beachtet und versorgt werden möchten und in diesen schweren Zeiten nicht zu kurz kommen dürfen.

» Der Notarzt fragte mich nach Emmas Unfall, ob ich Beruhigungsmittel möchte. Aber das war ja total abwegig. Ich habe ja Emmas Schwester noch gestillt.«

Bei kleinen Kindern stellt die Rundumversorgung eine weitere Belastung dar, bei größeren Geschwistern stellt sich die Frage, wie viel Ehrlichkeit man ihnen zumuten kann und darf. Wie viel Leid ist man in der Lage aufzufangen, wenn man sich selbst am Abgrund bewegt?

Die Geburt eines behinderten Kindes ist eine unumstößliche Tatsache. Es kam so, wie es kommen sollte. Auch wenn diese Form der Annahme des Schicksals nichts für jeden ist, so haben wir doch die Möglichkeit, unser Kind von Anfang an mit seiner Besonderheit kennenzulernen und in die damit einhergehenden Herausforderungen hineinzuwachsen. So sind wir von Beginn an die Mutter, der Vater dieses geistig behinderten Kindes.

Eltern, die aus einem »normalen« Familienleben herausgerissen werden und sich plötzlich mit der Herausforderung konfrontiert sehen, ein behindertes Kind zu haben, leiden auf mehreren Ebenen. Und so wie Trauer zum Ablösungsprozess dazugehört, so durchleben viele Paare die verschiedenen Phasen, die zum Trauerprozess dazugehören. Der erste

Schock, das Nicht-Wahrhaben-Wollen und die Verdrängung. Später die langsame Erkenntnis, dass es so ist, wie es ist. Eine Versöhnung mit der neuen Situation tritt in manchen Familien nach einigen Monaten, bei anderen nach Jahren und in seltenen, extremen Fällen nie ein.

Eine Mutter berichtet, dass sie selbst nach vielen Jahren den Gedanken nicht gänzlich verdrängen kann, dass dieses Kind gar nicht ihres sei, dass es vielleicht nach der Geburt vertauscht wurde. Dabei ist sie sich sicher, dass so etwas gar nicht passiert sein konnte. Ihr Sohn wurde ambulant entbunden und war keine Minute von ihr und ihrem Mann getrennt. Die Behinderung wurde erst Monate später festgestellt.

Der nicht vorhersehbare Verlauf der Entwicklung eines Kindes erschwert den Trauerprozess.

Worauf muss man noch gefasst sein? Bleibt es bei den aktuellen Einschränkungen oder muss man sich auf weitere Schwierigkeiten einstellen? Die Angst vor neuen Hiobsbotschaften ist nur schwer zu verdrängen. Der Ratschlag, man möge jeden Tag so gut es geht genießen, mag angesichts eines dramatischen Unfalls oder einer schicksalsschweren Diagnose als ein bloßer Hohn erscheinen.

Wieder einmal geht es nicht darum, Leid zu messen. Das Empfinden von Trauer, Wut und Hoffnungslosigkeit angesichts eines Unfalls, einer konkreten Diagnose oder der langsamen Erkenntnis ist absolut individuell.

»WIE KANN MAN UM JEMANDEN TRAUERN, DER LEBT?« TRAUER UND TRAURIGKEIT

>> Die Nacht der Geburt war zugleich das Ende und der Anfang.«

Bei der Verwendung des Begriffs »Trauer« stößt man schnell auf emotionalen Widerstand, da Trauer einen Bezug zum Tod und Sterben herstellt. Im Zusammenhang mit der Geburt eines behinderten Kindes bzw. der Diagnose, dass das eigene Kind eine geistige Behinderung hat, wehren sich viele Eltern gegen eine aktive Trauer. Sie erscheint ihnen wie ein Verrat am eigenen Kind. Wie kann man um jemanden trauern, der doch lebt? Das ist eine häufig gestellte Frage, da die empfundene Traurigkeit real und allgegenwärtig ist. In vielen Familien ist gerade eine nicht zugelassene oder verdrängte Trauer der Nährboden für eine belastende, in manchen Fällen sogar krank machende Familienentwicklung.

Um diesen Zusammenhang zu ergründen, muss man weit zurückgehen. Im Grunde genommen beginnt er mit dem Wunsch nach einem eigenen Kind oder dem Entschluss, sich für ein empfangenes Wesen zu entscheiden. Einer der Leitsätze werdender Eltern in unserer Gesellschaft ist die Aussage: »Hauptsache, es ist gesund!« Mit diesem Satz, der nachvollziehbar und sicherlich nicht falsch ist, geht aber sehr viel mehr einher, nämlich eine komplexe Vorstellung davon, was »gesund« bedeutet.

BILDER VON UNSEREM KIND

Bereits in der Schwangerschaft machen wir uns, zum Teil unbewusst, Vorstellungen und Bilder vom Leben mit unserem Kind. Wir beschäftigen uns mit dem Gedanken, ob es wohl ein Mädchen oder Junge wird, wem es ähnlich sehen und mit welchen Eigenschaften es zur Welt kommen wird. Wird es genauso ein Schreihals wie Baby XY oder so lieb und ruhig, wie man angeblich selbst als Säugling war? Dabei ist es natürlich, dass man sich ein schönes Bild zurechtlegt. Wer bereits ein Kind hat, weiß, dass auch das liebste Baby einen nach durchwachten Nächten manchmal an die eigenen Grenzen bringt, dass es aber anschließend wieder gute Zeiten geben wird, die die schlimmen Stunden verblassen lassen. Aber keiner von uns kann sich gänzlich davon freimachen, seine Wunschgedanken auf das Kind zu projizieren.

Mithilfe des Ultraschalls können wir bereits kurz nach der Empfängnis den Verlauf des Wachstums und die allgemeine Entwicklung des Kindes gezielt kontrollieren. Die drei vorgesehenen Ultraschall-Untersuchungen reichen vielen Eltern allerdings nicht mehr aus. Gegen eine privat zu entrichtende Gebühr bieten gynäkologische Praxen den Blick in die Gebärmutter auch außerhalb der medizinisch vorgesehenen Kontrollen an. Wer möchte, bekommt anschließend eine Aufzeichnung der Bilder und kann dann per Internet sein Glück mit dem Rest der Welt teilen.

Damit Großeltern, Geschwister und Freunde nicht gezwungen sind, nach der Geburt blaue Strampelanzüge oder unpassende Accessoires umzutauschen, da es dann doch ein Mädchen geworden ist, lässt man den Arzt einen gezielten Blick zwischen die Beinchen des Kindes werfen. Man selbst möchte schließlich auch gerne schon im Vorfeld wissen, ob man den Stubenwagen mit den rosa Engelchen oder vielleicht doch lieber den mit den grünen Elefanten kaufen soll. Ist erst einmal das Geschlecht geklärt, bekommt das Kind einen Namen und ist somit schon vor seiner irdischen Geburt ein konkretes Individuum.

Es ist eine Frage der allgemeinen Lebenseinstellung, ob und wie viel man vorab wissen möchte. Für den einen ist es unvorstellbar, bis zum Ende der Schwangerschaft nicht zu wissen, ob es denn nun ein Mädchen oder Junge wird. Oder es kann ein Zugeständnis an den Partner und neugierige Verwandte sein, das einen dazu veranlasst, vorab das Geschlecht des Kindes aufzudecken. Für andere hingegen sind Schwangerschaft und Geburt noch immer mit einem Wunder verbunden, dessen Zauber man sich bis zum Schluss erhalten möchte.

Je mehr man sich im Vorfeld mit einem konkreten Bild seines Kindes beschäftigt, umso größer ist die Enttäuschung, wenn sich diese Erwartungen nicht erfüllen. Wir alle sind dankbar für kleinste Hinweise auf einen guten, normalen Verlauf der Schwangerschaft. Ein von der Ärztin hingeworfenes »Nackenfalte sieht unauffällig aus ...«, ob erfragt oder nicht, lässt uns ein Häkchen hinter einer im Unterbewusstsein lauernden Sorge machen und fügt unserem Bild vom Kind eine weitere Schattierung hinzu. Allerdings verlassen wir uns immer häufiger auf Bilder und Aussagen medizinischer Autoritäten und weniger auf unsere Intuition.

Es ist Teil unseres »Elternwerdens«, Geduld zu üben. In den ersten Schwangerschaftswochen müssen wir Mütter uns darauf verlassen, dass unser Körper in der Lage ist, den Weg für das neue Leben zu bereiten. Die Väter stehen zu diesem Zeitpunkt außen vor und können nur durch die Aussagen ihrer Partnerinnen Bezug zum entstehenden Kind nehmen. Fängt der Bauch an zu wachsen und sind die ersten Bewegungen des Kindes spürbar, fällt es in der Regel leichter, auf das Geschehen im Inneren des eigenen Körpers zu hören. Und auch die Väter und Geschwister können nun direkt Anteil nehmen. Die Flut der unendlichen Informationen, die uns jederzeit zur Verfügung stehen, lenkt oft vom einfachsten Weg ab: die Augen schließen, die Hand auf den Bauch legen und in unmittelbaren Kontakt zu unserem Kind treten.

Was hat all dies nun mit der Trauer, der Traurigkeit zu tun, die wir empfinden, wenn wir erfahren, dass unser Kind behindert ist? Schlicht gesagt sind es unsere Erwartungen, die enttäuscht werden. Ganz besonders deutlich wird das, wenn das Kind mit einer geistigen Behinderung wie dem Down-Syndrom zur Welt kommt, ohne gesundheitliche Einschränkungen. Die Geburt verlief gut, Mutter und Kind sind wohlauf, alles könnte in Ordnung sein, wenn nicht die Diagnose der geistigen Behinderung im Raum stünde.

Allein die drohenden Zukunftsängste, die uns bei der Vorstellung überwältigen, ab jetzt die Verantwortung für ein geistig behindertes Kind tragen zu müssen, haben die Macht, uns in einen Schockzustand zu versetzen. Das Kind ist kaum geboren und schon schweben einem Bilder vor Augen, die man mit geistig behinderten Menschen assoziiert.

> Unser Baby hat die ganze Nacht abwechselnd bei uns auf dem Bauch gelegen, während ich mir all diese schrecklichen Gedanken machte. Ich habe gedacht, das kann nicht sein, das will ich so nicht, so habe ich mir das alles nicht vorgestellt. Ich will das anders haben. Und die ganze Zeit habe ich ihn gestreichelt. Im Grunde war mein Baby noch in mir drinnen. Ich fand ihn so weich und so süß und einfach toll ... Das war das eine Gefühl, und das andere war die Angst vor der Zukunft. Meine Lebensplanung geriet völlig aus den Fugen.«

Nichts und niemand wird einen vor diesen Gefühlen bewahren. Weder die beste Vorbereitung auf die Thematik noch die einfühlsamste Diagnosevermittlung kann einen vor dem Gefühl der Traurigkeit schützen.

DIE TRAUER ZULASSEN

> Wir beide haben bestimmt noch wochenlang morgens beim Duschen geweint.«

In sehr drastischen Worten ausgesprochen, könnte man vom Tod des Wunschkindes sprechen. Mit der Geburt eines geistig behinderten Kindes muss man Abschied von vielen liebgewordenen Vorstellungen nehmen.

> Ein Teil ist mit dieser Diagnose gestorben.«

Es wäre falsch, diese negativen Gefühle zu verleugnen. Zu einem späteren Zeitpunkt holen einen die nicht gelebten Emotionen ein – und dann oftmals mit zerstörerischer Macht. Das, was in unserer Macht liegt, ist die Intensität, mit der wir die Traurigkeit unser Leben beeinflussen lassen.

» Ich sagte zu meinem Mann, dass es bei Kindern mit Down-Syndrom so ist, dass sie ganz, ganz oft einen schweren Herzfehler haben, und vielleicht haben wir ja Glück, dass unser Baby auch einen schweren Herzfehler hat und dass er noch heute Nacht stirbt. Und mein Mann war total entsetzt und sagte nur: ›… ja, also … meinst du?‹ Und das könne er sich ja jetzt gar nicht vorstellen. Und ich habe ihm gesagt: ›Ja, das ist wirklich so, und ich glaube, für uns wäre das jetzt gut, wenn dieses Baby heute Nacht sterben würde.‹ Ich habe ihm also wirklich den Tod gewünscht …

Das war das, was der Kopf gemacht hat. Das Gefühl war, dass er die ganze Zeit auf mir lag … Mein Baby hat die ganze Nacht bei uns auf dem Bauch gelegen und ich hatte wirklich solche Gedanken.

Kein Gedanke war mir radikal oder unmenschlich genug. Ich habe all meine Wut, meine Frustration und Angst in dieser Nacht rausgelassen. Ich war über mich so erstaunt. Ich habe gedacht, wie kann … wie kann ich so was sagen? Wie kann ich das denken? Aber es musste alles raus!«

So schrecklich einem diese Schilderungen erscheinen mögen, so gehören sie doch auch dazu und es ist nichts Verbotenes oder Falsches daran, in einer solchen Situation der Verzweiflung nahe zu sein, mit seinem Schicksal zu hadern und Bitterkeit zu empfinden.

Unwillkürlich fragt man sich, ob man nicht genug getan hat, damit dieses Kind die allerbesten Voraussetzungen hat: keinen Alkohol getrunken, dem Nikotin den Kampf angesagt, alle Vorsorgeuntersuchungen gewissenhaft mitgemacht und sich um eine besonders gesunde Lebensweise bemüht. Warum dann ausgerechnet ich? Es tut gut, mal zu wüten und seinen Frust rauszulassen, dem Partner, den Eltern, einer guten Freundin oder auch einem Arbeitskollegen sein Leid zu klagen, die Tränen fließen zu lassen und Trost zu suchen. Dies ist ein wichtiger Teil aktiver Trauerarbeit.

» Man sagt es so leicht dahin: ›Ja, es wäre besser, sie wäre gestorben.‹ Aber es ist doch dein Kind. Wenn man es einmal hat, dann gibt man es nicht mehr her. Es ist doch ein Stück von dir.«

Es ist wichtig, eines Tages – und je eher dieser Zeitpunkt kommt, desto besser – zu erkennen, dass diese Traurigkeit nicht in direktem Zusammenhang mit unserem Kind steht. Sich im Anschluss an einen Gefühlsausbruch zu vergegenwärtigen, dass es unsere alleinige Trauer ist, nicht die unseres Kindes. Babys und kleine Kinder leiden nicht unter ihrer geistigen Behinderung. Wenn man sein Kind besser kennengelernt hat, wird man eines Tages feststellen können, dass gerade die geistige Behinderung unsere Kinder vor vielen weniger schönen Eigenschaften bewahrt, zum Beispiel vor Neid oder vorsätzlicher Boshaftigkeit, und ihnen diese Gefühle völlig fremd sind.

» Trotz der Trauer bin ich auch um vieles, das meine Tochter mit sich gebracht hat, froh. Ich erinnere mich an das erste von ihr bewusst erlebte Weihnachtsfest und ihre Fassungslosigkeit, was für einen Irrsinn wir treiben, als wir den Weihnachtsbaum reintrugen. Sie hat geschrien wie am Spieß, wurde völlig ungläubig, als wir dann auch noch Lichterketten an diesen Baum hingen … Sie konnte es einfach nicht verstehen, warum wir einen Baum, der doch in den Garten gehört, ins Haus und dann auch noch ins Wohnzimmer brachten. Und so ganz unrecht hat sie damit ja auch nicht.«

Viele Kinder mit einer geistigen Behinderung beeindrucken immer wieder mit ihrer Fähigkeit, im Hier und Jetzt zu leben, und strahlen dabei eine innere Harmonie und Gelassenheit, ein In-sich-Ruhen aus, das einem selbst eher selten gelingt. Es gibt dabei natürlich immer die Ausnahme von der Regel. Viele Eltern berichten jedoch von dieser Zufriedenheit, die ihrem Kind eigen ist.

Sich bei einem Anfall von Trauer zu seinem Kind zu setzen, es beim Spiel zu beobachten, zu registrieren, welch kleine Gesten ein Lächeln, ein zufriedenes Glucksen hervorrufen, kann einem helfen, die Traurigkeit zu überwinden.

» Als sie den Wind ins Gesicht bekam, da fing sie an zu lachen. Das war an so einem schönen Spätsommernachmittag. Ein so schöner und sehr wichtiger Moment.«

Natürlich wird es nicht jedem betroffenen Elternpaar gelingen, so zu empfinden und sich durch dieses Wissen immer vor der Trauer zu schützen. Nicht jeder Mensch empfindet gleich. So wie alle Menschen Individuen sind, so individuell ist auch der Umgang mit Trauer. Je eher man jedoch erkennt, dass es die eigenen Wunschbilder einer erträumten Zukunft sind, die so nicht eintreten wird, um die man trauert, umso leichter wird es einem fallen, die Realität anzunehmen.

» Immer dann, wenn es mir besonders schlecht ging und ich weinen musste, habe ich mein kleines, süßes Mädchen auf den Arm genommen, sie angeschaut, ihren Duft tief eingeatmet und mir gesagt, dass das mein Baby ist, auf das wir all die Monate gewartet hatten. Sie und nichts anderes. Das hat mir geholfen.«

AUCH VÄTER BRAUCHEN RAUM FÜR TRAUER

Für viele Eltern ist es sehr schwierig, diese Trauer zuzulassen. Das Gefühl, stark sein und die Konsequenzen der Geburt dieses speziellen Kindes tragen zu müssen, nimmt einen oft unmittelbar nach der Geburt in Anspruch. Es entsteht das Gefühl, für sein Kind kämpfen zu müssen. Nach dem Motto: »Jammern nützt nichts – wir haben dieses Kind gewollt, also müssen wir jetzt auch da durch.«

Väter stehen häufig unter einer Doppelbelastung. Aufgrund der in unserer Gesellschaft gängigen Sozialisation sind es die Männer, die nach außen die Verantwortung tragen und ein Bild der Stärke vermitteln. Selbst in emotionalen Ausnahmesituationen sieht man nur selten einen Vater weinen.

> Ich kann mich gar nicht daran erinnern, mal geweint zu haben. Meine Frau war oft traurig und ich habe sie getröstet. Das Gefühl, für sie stark sein zu müssen, sie zu trösten, wenn sie weinte ...«

Es wäre schön und wünschenswert, auch den Vätern den Raum für ihre Trauer zu ermöglichen. Einen solchen Raum kann man auf vielerlei Art bieten: als guter Freund, der offen anspricht, wie sehr ihn die Geburt, die Diagnose des Kindes verunsichert. Oder als Mensch, der nachfragt, wie es tief drinnen in der Seele aussieht, wenn der Mann den Schock, die Sorge und Angst ertragen, aber auch die Verantwortung gegenüber der Partnerin und eventuellen Geschwistern schultern muss.

Die meisten Menschen sind froh, wenn sie auf die Frage, wie es denn geht, ein schlichtes »geht schon« hören. In Zeiten, in denen der Einzelne in jeglicher Hinsicht funktionieren soll, im Berufs-, Familien- und selbst im Freizeitleben, verunsichern emotionale Ausbrüche. Die Frage nach dem Befinden ist allzu oft zu einer reinen Floskel verkommen. Frauen fällt es leichter, Tränen auch einmal fließen zu lassen und ihre Sorgen auszusprechen. Nicht allein Tränen zeigen jedoch, ob jemand ernsthaft auf die Frage eingeht, wie es einem geht. Manch ein Vater braucht mehr als diesen einen Satz, bis er sich ernstgenommen und mit seinen Bedürfnissen angenommen fühlt.

> Viele Leute haben einfach null Verständnis. Da sitzen 40-, 50-Jährige, die den ganzen Tag am PC sitzen, Spiele spielen und das Highlight des Tages ist die Bildzeitung! Na toll! Und wenn man mal etwas Persönliches zu sagen versucht, dann antworten sie in einem völlig anderen Zusammenhang. Die wollen mich gar nicht verstehen.«

ANGEHÖRIGE UND FREUNDE

Auch angesichts der Emotionen, die die Geburt dieses Kindes bei den Großeltern, Onkels, Tanten, Geschwistern und Freunden auslöst, meinen viele Eltern, für alle anderen mit stark sein zu müssen, ohne Rücksicht auf die eigene Empfindsamkeit.

»Meine Schwiegermutter war ganz entsetzt. Das war ganz, ganz traurig. Sie kam am zweiten oder dritten Tag mit dem Zug. Mein Mann hatte sie vom Bahnhof abgeholt und wir hatten ihr bis dahin nichts gesagt. So eine Botschaft kann man nicht am Telefon übermitteln ... Er hat es ihr auf dem Weg vom Bahnhof nach Hause gesagt, dass unser Sohn ein ganz süßes Baby und ganz lieb ist, dass es mit dem Stillen gut klappt, aber es wäre trotzdem alles ganz traurig, weil Oskar nämlich eine Behinderung hätte. Da war sie wie vom Donner gerührt ... Und ich weiß es noch, sie standen vor unserem Haus, das Auto stand vor dem Haus, und sie ist nicht ausgestiegen. Mein Mann hat sie dann wieder zurückgefahren zum Bahnhof, und sie ist wieder nach Hause gefahren. Er hat noch mit Engelszungen geredet und gesagt, Mutti, wir wissen, dass das ganz, ganz schwer ist, auch für dich schwer ist, aber es ist bestimmt gut, wenn du jetzt mit zu uns kommst und nicht nach Hause fährst und alleine bist. Aber sie sagte, nein, nein, das kann ich nicht, bitte bring mich zum Zug.

Sie ist zwei Tage später wiedergekommen und hat dann all die Tränen geweint, die wir auch geweint haben, und hatte unseren Sohn die ganze Zeit auf dem Arm. Da konnte sie ihn dann annehmen.«

Die Trauer der Familienangehörigen und der Freunde hat selbstverständlich ihre Berechtigung, sie nimmt jedoch vielfach einen zu großen Raum ein. Es ist wichtig, sich in dieser Situation auf die Kernfamilie zu besinnen. Die Eltern als Paar und selbstverständlich die Geschwisterkinder müssen den Raum und die Möglichkeit haben, sich mit der neuen Familiensituation auseinanderzusetzen und auszusöhnen. Dies ist im Nachhinein leicht gesagt, in der akuten Situation besteht jedoch leider nur sehr selten die Chance, sein Recht auf Ruhe und Zeit zur Besinnung anlässlich der Geburt und der Diagnose eines Kindes, gerade weil es behindert ist, einzufordern. Es braucht Mut, seine Wünsche diesbezüglich zu äußern. Und wer möchte es sich in dieser ohnehin schon schwierigen und unsicheren Situation mit der Familie und den Freunden verderben? Viele Eltern ziehen sich emotional zurück, unterdrücken Ängste und Trauer und finden sich unvermittelt in der Rolle der Trostgebenden. So versucht man durch die eigene Stärke, die nach außen getragen wird, seinem Gegenüber zu vermitteln, dass dieses behinderte Kind liebenswert ist und eine Daseinsberechtigung hat. Man hofft darauf, dass auch alle anderen in der Lage sein werden, es anzunehmen, wenn sie nur sehen, was man selber in seinem Kind sieht.

» Ich habe sehr selten geweint und ich befürchte, das steht mir noch bevor. Diese Trauer fühlt sich so an, als hätte man ein wildes Tier gefangen, das man mit aller Kraft in seinem Käfig halten muss. Und ich habe manchmal das Gefühl, dass das Tier einfach nur raus will. Und wenn es raus ist, dann springt es mich an und frisst mich auf ...«

LEBENSLIMITIERENDE DIAGNOSEN

Wie stark man trauert, ist stets individuell. Es gibt für Eltern von geistig behinderten Kindern jedoch auch existenziell bedrohliche Gründe, sich mit dem Thema der Trauer auseinandersetzen zu müssen. Ein Kind wird gesund geboren und es stellt sich erst im Laufe der ersten Lebensjahre heraus, dass es unter einer schweren Stoffwechselerkrankung leidet, die nach heutigem Kenntnisstand spätestens im frühen Erwachsenenalter zum Tode führen wird. In diesem Zusammenhang hörte ich zum ersten Mal den Ausdruck der »lebenslimitierenden Diagnose«. Der Vater des Kindes sagte zum Thema Trauer Folgendes:

» Eltern mit einem ›normal‹ geistig behinderten Kind trauern auch. Aber sie trauern um ihr Leben. Das Leben, das nicht so gelaufen ist, wie sie es sich gedacht haben. Und das tun wir nicht. Dadurch, dass wir uns von unserem Kind verabschieden müssen, können wir es auch so annehmen, wie es ist. Und wir lieben ihn so, wie er nun mal ist.«

Man kann nicht das eigene Leid mit dem Leid eines anderen in die Waagschale werfen und bestimmen, welches denn nun schwerer wiegt. Es gibt Eltern, die untröstlich sind, weil ihr Kind eine relativ leichte Behinderung hat (im Vergleich zu anderen Behinderungsbildern). Dabei ist dieses Untröstliche wörtlich zu nehmen. Aber auch in diesen Fällen wird man bei genauerer Betrachtung feststellen, dass die Trauer vielschichtig und nicht allein im Anderssein des Kindes begründet ist. All das, was wir in unserem Leben erfahren, macht uns zu dem Menschen, der wir im Jetzt sind. Das Schöne daran ist, dass wir nie aufhören, Erfahrungen zu machen und unseren Horizont zu erweitern. Wer heute in seiner Trauer gefangen ist, kann durch neue Erfahrungen und neues Erleben, Hören und Sehen die Chance bekommen, einen neuen Umgang auch mit den Schattenseiten des Lebens zu finden.

» Ich würde nicht sagen, dass ich noch immer trauere. Es ist eher das Gefühl dafür und der Gedanke an das, was wir erlebt und was wir seitdem alles auch geschafft haben. Wie weit wir mit unserem Sohn schon gemeinsam gekommen sind und wie locker wir inzwischen mit der Situation umgehen können. Ich erzähle auch nicht jedem, dass mein Kind sterben wird. Ich möchte nur als Mutter, meinetwegen mit einem behinderten Kind, gesehen werden.«

WAS HELFEN KANN

Eine gute Möglichkeit, trauernden und traurigen Familien zu helfen, ist das Zuhören. Durch die häufige Wiederholung des Erlebten ermöglicht man Vätern und Müttern auf einfache, aber sehr effektive Art die Aufarbeitung. Nicht alle, aber sehr viele Eltern – häufiger Mütter – sind dankbar, wenn sie ihre Geschichte in Worte fassen können. In den Gesprächen mit betroffenen Familien konnte ich oft feststellen, dass das Zuhören und die konkrete Nachfrage nach den Befindlichkeiten in verschiedenen Situationen sehr dankbar angenommen und genutzt wurden.

Häufig sind Trauer und Ängste nach ihrer Benennung sehr viel weniger bedrohlich als die Gedanken, die man mit niemandem teilt. Indem man Worte für seine Gefühle sucht und findet, schwächt man die negative Wirkung der Gedanken.

Im Moment eines Schocks verschieben sich die Realitäten. Das Gefühl, in einer Situation falsch oder fremd zu sein, nichts mit dem, was einem gerade zustößt, zu tun haben zu können, ist typisch für diese Extremerfahrungen. Durch das wiederholte Erzählen und Wiedererleben der Situation eignen wir uns diesen Teil unserer Geschichte neu an. Nur so können wir ihn in unser Leben integrieren. Für einen guten Freund oder eine verantwortungsvolle Schwester oder Mutter kann dies bedeuten, auch bei der fünften Wiederholung der Geschichte aufmerksam und mitfühlend zuzuhören und nachzufragen, keine Ungeduld an den Tag zu legen, sondern dieses Berichten als einen wichtigen und wesentlichen Bestandteil des Heilungsprozesses zu betrachten.

» Vor allem an seinen Geburtstagen muss ich über den Tag der Geburt reden. Wir erzählen uns dann immer, wie das damals war. Und was die Ärztin gesagt hat ... Mir tut es gut, darüber zu reden.«

Trauer und Traurigkeit sind sehr sensible Aspekte im Umgang mit betroffenen Familien. Auch innerhalb von Gruppen, die sich aufgrund einer ähnlichen Lebenssituation gefunden haben, ist die Thematisierung der Trauer problematisch. Sich zu öffnen und in Worte zu fassen, was einen bewegt, trägt Emotionen an die Oberfläche, die mitunter nicht zu kontrollieren sind. Dieser Kontrollverlust kann beängstigen und verunsichern. Niemand fühlt sich besonders gut dabei, vor anderen Menschen in Tränen auszubrechen oder die Stimme zu verlieren, weil einem die Trauer die Kehle zuschnürt. Das gemeinsame Erlebnis und die Erfahrung, mit seiner Trauer nicht allein, sondern Teil einer Gemeinschaft zu sein, kann jedoch Stärke und Hoffnung verleihen.

» Es ist eine Gemeinschaft, in der jeder offen redet und sich preisgibt und dann auch mitgetragen wird. Man kann erzählen und weiß, dass man verstanden wird.«

Der Weg, den die Trauer einschlägt, ist nicht immer vorhersehbar. Nach Schock, Verdrängung und Wut muss sich nicht unbedingt eine Besserung einstellen. Trauer ist ein Ausnahmezustand und viele unterschiedliche Komponenten beeinflussen den Verlauf.

SCHULDGEFÜHLE UND TRAUER

» Mein Mann ist religiös völlig abgegangen und war mir dann auch sehr fremd. Er war sehr, sehr traurig und fühlte sich sehr schuldig.«

In einigen Familien ist es die Schuldfrage, die einen unheilstiftenden Einfluss auf den Trauerprozess nimmt. Besonders, wenn ein Unfall der Behinderung des Kindes zugrunde liegt.

» Mein Exmann hat mir fünf Jahre nach dem Unfall erzählt, eigentlich sei ich ja Schuld. Ich hätte ja nicht gesehen, wie müde er gewesen sei. Er hätte keine Verantwortung übernehmen dürfen, da er viel zu müde gewesen sei, und ich hätte Maria aber trotzdem in seine Obhut gegeben. Ich habe ihm nie, niemals die Schuld gegeben. Niemand hatte Schuld, Maria hat sich genau wie Dornröschen ihren Weg gesucht. So etwas passiert einfach.«

Nicht nur im Falle eines Unfalls stellt sich leider immer wieder die Frage der Schuld. In der Geburtshilfe spielt die Frage nach der Verantwortung der Geburtshelfer eine große Rolle: Ärztinnen und Ärzte fühlen sich gezwungen, sich nach allen Seiten gegen Schuldzuweisungen abzusichern. Freiberufliche Hebammen können teilweise wegen überzogener Haftpflichtversicherungskosten, die vor Regressforderungen im »Schadensfall« schützen sollen, ihrer Arbeit nicht mehr nachgehen. In unserer Gesellschaft ist es allgemein üblich und anerkannt, einen Schuldigen zu bestimmen. Im Grunde genommen geht diese Norm auf das simple Bedürfnis nach Rache zurück. Was nicht sein darf, kann nicht sein. Und wenn es doch eintritt, dann soll jemand dafür büßen. Im Einzelfall mag dies zu rechtfertigen sein. Betrunkene Geburtshelfer oder übermüdete Ärzte, die am Ende einer 24-Stunden-Schicht einen riskanten Kaiserschnitt vornehmen müssen, sollten zur Rechenschaft gezogen werden. Im letzteren Fall nicht nur, um den Einzelnen zu bestrafen, sondern um das System als solches infrage zu stellen und dringend notwendige Änderungen zu bewirken.

Das Bedürfnis nach einer Schuldzuweisung kann sich jedoch in die gegenteilige Richtung bewegen: Manch ein Elternteil sucht den Grund dafür, kein »normales« Kind zu haben, in der eigenen Person. So mag sich der eine oder andere fragen, ob nicht durch eigene Nachlässigkeit, zum Beispiel in der Frage der pränataldiagnostischen Möglichkeiten, das Schicksal des eigenen Kindes ungünstig beeinflusst wurde. Andere zweifeln an der grundsätzlichen Entscheidung, ein neues Leben in die Welt zu setzen. Diese Gedanken verbrauchen unnötige Energien. Die Entscheidung für ein Kind ist immer auch eine Entscheidung für das Leben. Das Leben als solches ist bunt und vielfältig und in jeder seiner Erscheinungsformen einzigartig und schützenswert.

Dennoch fällt es uns Menschen oft leichter, einen großen Kummer zu ertragen, wenn wir die Verantwortung weiterreichen können. Nicht immer muss es die große Bühne sein, die wir suchen, um unserem Kummer Ausdruck zu verleihen. Auch innerhalb einer Familie wird häufig nach einem Schuldigen gesucht. All dies ist in den meisten Fällen ein Ausdruck von Hilflosigkeit und der Unfähigkeit, mit der eigenen Trauer umzugehen.

»WIR BRAUCHEN UNS NICHT ZU VERSTECKEN«: DER UMGANG MIT FAMILIE, FREUNDEN UND BEKANNTEN

Der häufigste Grund für einen Rückzug von Freunden oder Bekannten ist die Unsicherheit und Hilflosigkeit, die viele Menschen empfinden, wenn in einer Familie ein behindertes Kind geboren bzw. die Diagnose gestellt wurde. Nicht zu wissen, ob man trösten oder ermutigen soll. Darf man nach der Geburt eines geistig behinderten Kindes gratulieren? Möchten die Eltern überhaupt darauf angesprochen werden? Viele Fragen bleiben unbeantwortet, da sich ein Großteil der Menschen schlicht nicht zu fragen traut.

Besonders schwer ist dies zu ertragen, wenn es sich um Menschen handelt, von denen wir erwartet hätten, dass sie uns zur Seite stehen, dass sie uns trösten und einen Teil der Last auf ihren Schultern mittragen. Stattdessen sind es in vielen Berichten gerade die uns am nächsten Stehenden, die nicht wissen, wie sie reagieren sollen, oder uns mit ihren Reaktionen vor den Kopf stoßen.

REAKTIONEN IN DER FAMILIE

Auch für die Angehörigen ist es nicht einfach, sich auf die neue Situation einzustellen. Sie sind zwar nicht direkt betroffen, aber auch sie haben gewisse Vorstellungen und Erwartungen, die angesichts der Diagnose »geistige Behinderung« enttäuscht und umgeworfen werden. Hinzu kommt die eigene, persönliche Geschichte, die ein jeder mitbringt.

> Meine Schwiegermutter war für mich fast der schlimmere Punkt. Da kam nie was. Sie hatte ja selbst ein behindertes Kind, aber sie hat nie etwas dazu gesagt.«

Unverständlich und nicht nachvollziehbar erscheinen einem manche Reaktionen. Meist fehlt jedoch die Kraft, das Problem rechtzeitig anzusprechen, und so verschleppen wir die Möglichkeit einer Klärung. Das ist absolut unverschuldet, da man von Eltern, deren Leben gerade eine vollkommene Kehrtwendung erfahren hat, nicht erwarten kann, dass sie auch noch die Bedürfnisse Außenstehender berücksichtigen und bedienen. Wer sich dennoch darauf einlässt, muss häufig enttäuschende Erfahrungen machen.

» Wenn man mit so vielen Geschwistern aufwächst wie ich, dann haben alle ein Defizit an Aufmerksamkeit. Das ist einfach so. Und dann ist da plötzlich ein Kind, eine Nichte, die so viel Aufmerksamkeit und Förderung bekommt ... Ich glaube, am Anfang gab es ganz viel Neid. Ich hatte das Gefühl, dass meine Geschwister schon dachten, dass ich mich nicht so wichtigmachen soll.«

Es tut weh, wenn man feststellen muss, dass ausgerechnet in der eigenen Familie das Unverständnis für unsere besondere Lebenslage am größten ist und unser Kind auch im Laufe der Jahre hier keine Akzeptanz findet. Wenn ausgerechnet die eigenen Eltern oder Geschwister nicht in der Lage oder willens sind, sich der neuen Situation zu öffnen. Es gibt verschiedene Ausdrucksformen, wie eine solche Ablehnung aussehen kann: von offen demonstrierter Ablehnung über Verneinung und Nicht-Wahrhaben-Wollen der Behinderung bis hin zum völligen Rückzug. Egal wie es vonstattengeht, stets ist es mit einem tiefen Schmerz verbunden, den man auch nach vielen Jahren noch spürt. In manchen Fällen beruhigt sich die Situation an der Oberfläche, ein erwachsener, höflich distanzierter Umgang entwickelt sich. Dennoch bleibt die Verletzung real und präsent.

» Also, wenn es meiner Frau mal aufgrund unserer Lebenssituation schlecht geht, dann wendet sie sich mit Sicherheit nicht an ihre Mutter. Auf keinen Fall!«

Es gibt kein Mittel gegen die Ablehnung oder gegen den Schmerz, den sie verursacht. Auch wenn ein intaktes Familienleben über Generationen wünschenswert ist und viele Familien das große Glück haben, auf die Verlässlichkeit und die Liebe ihrer Eltern und Geschwister auch im Erwachsenenalter zurückgreifen zu können, so bleibt für all diejenigen, denen dieses Glück nicht beschieden ist, der Trost, dass es da treue und verständnisvolle Menschen gibt, die die wichtige Rolle einer engsten Bezugsperson völlig freiwillig und aus wahrhafter Freundschaft übernommen haben.

REAKTIONEN VON FREUNDEN UND BEKANNTEN

» Die Reaktionen der Freunde ... Da war von allem etwas dabei. Unsere Freunde hier vor Ort haben alles mitbekommen, aber wenig dazu gesagt. Aber sie waren einfach da. Und da gab es Freunde, von denen man nie erwartet hätte, dass sie sich so anbieten und unsere Kinder betreuen und es toll läuft. Und dann gibt es Freunde, von denen ich enttäuscht bin und feststellen muss, dass der Wert dieser Freundschaft nicht mehr so wichtig ist. Eine gute Freundin hat mich als Rabenmutter bezeichnet, nachdem ich wieder angefangen habe zu arbeiten. Da war ich schon enttäuscht. Und sie war nicht die Einzige. Mit diesen Gesprächen haben sich unsere Freundschaften schon sehr verändert.«

Neben all den schwierigen und problembehafteten Berichten gibt es die Familien, die in ein weiches Netz von Zugewandtheit, Mitgefühl und ehrlichem Interesse fallen. Nichts ist nur schwarz oder weiß. So wie es unsensible und arrogante Menschen gibt, so gibt es auf der anderen Seite immer auch solche, die zu einem stehen. Menschen, die wahrhaftig interessiert sind, sich um Verständnis bemühen und uns selbstlos ihre Hilfe anbieten.

» Holger hat bei unserer Nachbarin, die wir ja noch gar nicht so lange kannten, angerufen und gesagt: ›Antje, unser Kind ist da und es ist ein bisschen anders, als wir geplant haben. Es ist gesund und es hat aber eine Behinderung, es hat Down-Syndrom.‹ Dann war erst mal gar nichts. Und dann hat Antje gesagt: ›Weißt du was, Holger, hier sind so viele Kinder in der Straße, einen besseren Platz als hier bei uns könnt ihr gar nicht bekommen.‹ Das hat uns so gut getan und sehr geholfen.«

Zu Beginn einer Diagnosestellung, wenn die gesamte Lebenssituation noch völlig ungeklärt und ungewiss erscheint, ist man als Mutter oder Vater oftmals nicht in der Lage, die verschiedenen Reaktionen einzuordnen. Was ist zwar gut gemeint, aber vielleicht völlig unsensibel geäußert worden? Kann es sein, dass harsche Worte der Ablehnung gegenüber einem behinderten Kind auch ernsthaft so gemeint sind oder doch nur aus Unwissenheit und Hilflosigkeit ausgesprochen wurden?

»Als ich zu Anfang meiner zweiten Schwangerschaft bei einem Frauenarzt war, der meine Gynäkologin vertrat, da sie im Urlaub war, sagte er beim Anblick meiner behinderten Tochter: ›Na, die können Sie dann ja immer noch ins Heim geben, bis das andere Baby geboren ist.‹ Ich war absolut sprachlos und überhaupt nicht in der Lage zu reagieren. Es war einfach nur schrecklich!«

In Momenten, in denen wir von verletzenden Äußerungen vor den Kopf gestoßen werden, wird uns mit jedem Mal aufs Neue die Behinderung und die damit einhergehende Ausgrenzung bewusst gemacht. Im Laufe der Zeit erscheint uns unsere Situation als völlig normal. Die Ausnahmesituation zu Beginn der Diagnosestellung weicht im Laufe der Jahre einer Normalisierung. Die Behinderung und die damit einhergehenden Besonderheiten im Aussehen oder im Verhalten unseres Kindes fallen im alltäglichen Umgang weitestgehend nicht mehr auf. Erst die Reaktionen Außenstehender erinnern uns regelmäßig an das Anderssein unserer Tochter oder unseres Sohnes.

Um uns selbst und unsere Kinder zu schützen, ist es wichtig, zu verstehen, dass mit dem Empfinden einer beabsichtigten oder unbeabsichtigten Diskriminierung – so schmerzhaft diese ist und auch bleiben wird

– unsere Liebe zu unserem Kind mit jedem Mal gestärkt wird. Die Ungerechtigkeit und seltener die Boshaftigkeit, denen wir als betroffene Eltern und auch Geschwister ausgesetzt sind, stärkt unser Bewusstsein für die Bedürftigkeit und Schutzlosigkeit unserer besonderen Kinder.

Der offene Umgang mit traurigen, trauernden Menschen ist in unserer Gesellschaft nach wie vor ein schwieriges Thema, das mit vielen Tabus behaftet ist. Dabei wird der Rückzug von Freunden und Familienangehörigen als zusätzliche Belastung und Verlust empfunden. Oft ist es Hilflosigkeit, die zu diesem Rückzug führt. Für die Betroffenen, die sehr mit sich und ihrer ohnehin schon schwierigen Situation beschäftigt sind, ist kein Raum, keine Zeit und vor allem keine Energie vorhanden, um sich auch noch den problembehafteten Beziehungen außerhalb der Kernfamilie zu widmen. So folgt auf die Sorge, die Trauer und einen dauerhaft anstrengenden Alltag auch noch der Verlust von Freunden oder Bekannten.

Eine weitere Erklärung für einen Rückzug ist manchmal das Empfinden der Erleichterung aufseiten unserer Freunde oder Bekannten, nicht selbst betroffen zu sein. Dies bringt Schuldgefühle mit sich, die den Umgang mit Eltern eines behinderten Kindes erschweren.

So mag manch einer glauben, dass der Kontakt mit den eigenen gesunden, nicht behinderten Kindern oder die eigene glückliche Lebenssituation das Trauma der betroffenen Familie verstärken.

IN DIE OFFENSIVE GEHEN

» Ich habe die Situation komplett umgedreht. Ich war weniger traurig als stolz auf mein besonderes Kind. So ein normales Kind hat ja jeder, aber meine Tochter, die war wirklich was Besonderes. Vielleicht war es nur eine Schutzreaktion, aber es hat gut funktioniert.«

Ich denke, man kann getrost davon ausgehen, dass in den allerseltensten Fällen Boshaftigkeit oder gewollte Diskriminierung hinter unsensiblen Äußerungen oder einem Rückzug stehen.

Um sich, sein Kind und die Familie vor dem zum Teil doch anmaßenden Verhalten mancher Mitmenschen zu schützen, ist es am besten, zu lernen, in die Offensive zu gehen. Sich mit seinem Kind zu zeigen, die Behinderung in Gesprächen zu thematisieren, vor allem wenn man bemerkt, dass Aufklärung angebracht ist.

» Wir haben den Leuten immer zugemutet, sich die Geschichte von Tom anzuhören, wie es ihm geht und wie das Leben mit ihm ist. Er ist ein Kind, das unsere Liebe braucht wie jedes andere Kind auch. Und wir haben uns nichts vorzuwerfen, wir brauchen uns nicht zu verstecken. Das haben wir nicht nötig. Als wir letztens alle gemeinsam, die ganze Familie, Laterne-Laufen waren, da war ich richtig stolz und es ging uns anschließend gut. Das, was für andere Familien normal ist, das ist für uns dann etwas ganz Besonderes. Wir können die Dinge anders wertschätzen.«

Dabei kann man immer wieder feststellen, dass viele Leute positiv überrascht sind und die Gelegenheit nutzen, um Fragen zu stellen. Die Angst vor Andersartigkeit ist dem Menschsein eigen. Fast niemand kann sich gänzlich von einem gewissen Misstrauen Andersartigem gegenüber freisprechen. Aber es gibt durchaus Menschen, die in der Lage sind, diesem Gefühl offensiv und mit Interesse für das Andere zu begegnen. Manchmal bedarf es nur der Erlaubnis, Fragen zu stellen.

Da, wo der eine einen Verlust erlebt, erlebt der Nächste das genaue Gegenteil. In Extremsituationen ziehen sich einige Menschen zurück, andere wachsen über sich hinaus. Im Leben und Zusammensein mit einem geistig behinderten Kind berichten viele Familien über besonders anrührende und mitfühlende Kontakte.

» Am Anfang, als ich zwei meiner Schwestern mal gebeten habe, auf Solveig aufzupassen, da gab es ganz böse Äußerungen. Sie hatten sich bewusst gegen Kinder entschieden und dann kam ich und wollte, dass sie sich um mein Kind kümmern … Langsam entwickelt sich aber ein ganz anderes Verhältnis zwischen meinen Geschwistern und Solveig. Sie fordert ganz klar das Bedürfnis nach Kontakt ein und da ist es dann auch für meine Geschwister einfacher.«

Die ältere Schwester, mit der man nie besonders viel zu tun hat, steht einem plötzlich zur Seite und entwickelt über die Jahre eine intensive und wunderbare Bindung zu unserem behinderten Kind. Menschen, die man vor der Diagnose eigentlich nur vom Sehen und einem kurzen Gespräch aus der Nachbarschaft kannte, rücken näher, zeigen sich interessiert und es wachsen neue Freundschaften.

»Es gab hier eine Frau, die sich sehr um unsere Marie gekümmert hat. Sie hat sie so genommen, wie sie war, und sich ganz auf ihre Bedürfnisse eingestellt. Zum Geburtstag hat sie ihr nicht irgendwelche Dinge geschenkt, mit denen Marie nichts anfangen konnte, sondern hat ihr eine besonders schöne Mohrrübe aus ihrem Garten geschenkt, weil sie wusste, dass Marie sich genau darüber freut.«

NEUE FREUNDSCHAFTEN ENTSTEHEN

Ausgerechnet die Existenz unseres besonderen Kindes kann der Grund für die äußerst positive Entwicklung eines wachsenden Freundes- und Bekanntenkreises sein. Mit einem Mal tun sich neben all den Schwierigkeiten neue Wege und Möglichkeiten auf. Es begegnen einem Menschen, die selbst eine »behinderte Geschichte« haben. Der Blick, mit dem man die Welt betrachtet, sensibilisiert sich und man nimmt zum ersten Mal wahr, dass es überall und viel häufiger, als man dachte, andere Kinder mit einer Behinderung gibt. Man entdeckt andere Mütter, die ein behindertes Kind haben, andere Väter, die sich liebevoll ihrem besonderen Kind widmen. Das anfängliche Gefühl, allein zu sein und niemanden zu kennen, der ein ähnliches Schicksal zu tragen hat, wandelt sich im Laufe der Jahre zu dem Bewusstsein, dass ausgerechnet diese Situation eine positive Entwicklung des Freundeskreises zur Folge hatte. Plötzlich teilt man

Erfahrungen und Gemeinsamkeiten mit den unterschiedlichsten Menschen. Die Erkenntnis und das Bewusstsein, aufgrund der eigenen Lebenssituation am Rand der Gesellschaft zu stehen, lässt uns im Umgang mit anderen betroffenen Familien toleranter und großzügiger werden. Es geht nun nicht mehr nur um ähnliche Interessen der Freizeitgestaltung oder einen ähnlichen Musikgeschmack, gleiche Vorlieben im sportlichen Bereich oder einen gemeinsamen Bekanntenkreis. Es sind dieselben Erfahrungen, das gegenseitige Verständnis für eine ungewöhnliche Lebenssituation und das Wissen um ähnliche Ängste und Befürchtungen, die uns zusammenrücken lassen.

» Du bist mit Menschen zusammen, denen du nichts erklären musst. Dasselbe Schicksal verbindet, egal welche Nationalität, welcher Beruf oder sonstiger Hintergrund.«

Wer beim Erzählen von Erfahrungen den Tränen nahe ist, wird im Kreise von Gleichgesinnten nicht befürchten müssen, dass man mit einem emotionalen Ausbruch auf Unverständnis oder Hilflosigkeit stößt. Es tut gut, mit Menschen zusammen zu sein, die um die eigene Lebenslage wissen.

» Durch die Reha und den Kontakt zu anderen betroffenen Familien haben wir neue Freundschaften geschlossen. Diese Freundschaften haben eine andere Qualität. Es ist so ein selbstverständliches Miteinander-Umgehen. Wir brauchen keine Etikette.«

Irgendwann wird der Zeitpunkt kommen, an dem man bemerkt, dass man schon lange nicht mehr mit seinem Schicksal gehadert hat. Dass man gelernt hat, mit der Situation zu leben, und sich mit dem, was man als sein Schicksal bezeichnet, ausgesöhnt hat. Meist braucht es Jahre, bis man eine gewisse Routine entwickelt und nicht ständig von Neuerungen aus der Fassung gebracht wird. Viele Familien gelangen mit dem Eintritt des Kindes ins Schulalter zu größerer Gelassenheit. Zu Beginn sind zwar auch der Schuleintritt und alles, was damit zusammenhängt, neu und aufregend, aber mit den Jahren beruhigt sich bei vielen Familien das Leben.

» Unser Leben hat sich schon sehr verändert. Ein neuer Freundeskreis, auch durch die Selbsthilfegruppe. Aber irgendwann hat man dann auch genug und jetzt sind wir nicht mehr so aktiv. Früher haben wir uns alle vier Wochen getroffen und das ist jetzt nicht mehr so. Man wendet sich dann doch wieder mehr nach außen und anderen Dingen zu.«

Es kommt der Tag, an dem nicht mehr ausschließlich die Behinderung des Kindes im Mittelpunkt steht, und man sehnt sich nun nach Kontakten, die neben dem alltäglichen Einerlei ein gewisses Maß an Normalität und Leichtigkeit versprechen. Der letzte Schritt aus der schwierigen Anfangsphase ist geschafft!

»WIR HABEN UNS GELIEBT UND WIR HABEN GEHEULT«: DIE PARTNERSCHAFT

»Das ist unser Kind und das kriegen wir hin!«

Ein Satz, der fast zu schön ist, um wahr zu sein. Er ist die Voraussetzung für eine gemeinsame Zukunft unter erschwerten Bedingungen. Und ein Weg, der zu Beginn einer Liebe, einer Partnerschaft oder Ehe nicht absehbar war und nun doch zusammen gegangen und gelebt werden muss. Im Idealfall sind sich beide Partner einig, dass das Schicksal in Form einer geistigen Behinderung des Kindes kein Hindernis für eine gemeinsame Zukunft bedeuten muss.

Ganz besonders beim Thema Partnerschaft wird deutlich, dass die individuellen Lebensumstände der einzelnen Familien eine tragende Rolle spielen. Die Ausgangssituation, in der sich das einzelne Paar befindet, wenn die Diagnose »geistige Behinderung« in ihr Leben einbricht, prägt in der Regel die weitere partnerschaftliche Entwicklung.

Zu Beginn der Elternschaft und auch schon in der Schwangerschaft stehen die Geburt und die erste Zeit mit einem Säugling im Vordergrund. Es gilt, unsere partnerschaftlichen Gewohnheiten auf die Bedürfnisse dieses neuen kleinen Wesens anzupassen. In vielen Zeitschriften und Ratgebern ist immer wieder zu lesen, dass der Vater auf das Neugeborene eifersüchtig reagiert. Dass dieses neue Familienmitglied die Partnerin mit seiner bloßen Existenz völlig in Beschlag nimmt, und dies rund um die Uhr. Selbst wenn es nicht der Fall ist, dass das eigene Kind als Konkurrenz empfunden wird, so stellt die Umstellung von »Liebespaar« auf »Eltern« eine gewaltige Herausforderung dar.

Ist dieses Kind nun auch noch mit der Besonderheit einer geistigen Behinderung versehen, so steigern sich die Anforderungen an das Paar ganz außerordentlich. Die Entscheidung, ein gemeinsames Kind zu wollen, ist das eine: sich das Leben mit einem neuen Familienmitglied mit all seinen Konsequenzen vorzustellen und darauf einzulassen. Wenn der

Weg, für den man sich gemeinsam entschieden hat, plötzlich jedoch einen abweichenden Verlauf nimmt, so stellt uns dies vor die Ungewissheit, wie wohl unser Partner oder unsere Partnerin reagieren wird. Wie wird die Zukunft mit diesem besonderen Kind sein? Wird mein Partner all diese ungewissen Fragen gemeinsam mit mir tragen?

Daheim angekommen beginnt der Alltag. Neben all den Besonderheiten, die die Behinderung des Kindes mit sich bringt, bleibt das Leben mit einem Neugeborenen, dessen Bedürfnisse gestillt werden müssen. Wer es ermöglichen kann, sollte gerade zu Beginn dieser allerersten Phase als Familie da sein. Elternzeit oder Jahresurlaub bieten sich an, um das Kind kennenzulernen und in die Rolle als Mutter und Vater hineinzuwachsen. Die gemeinsame Beschäftigung und die geteilten Aufgaben rund um das Kind und den Haushalt erleichtern die Rückkehr in die Normalität. Wann immer es möglich ist, sollte man die Hilfen annehmen, die einem angeboten werden.

STRESS UND BELASTUNGEN

Immer wieder hört man von den Schwierigkeiten für die elterliche, partnerschaftliche Beziehung, wenn ein behindertes Kind geboren wurde oder ein bis dato nicht behindertes Kind durch einen Unfall, eine Erkrankung oder aufgrund einer auffälligen Entwicklung die Diagnose »geistige Behinderung« erhält.

Es ist offensichtlich, dass das Leben und der Alltag mit einem geistig behinderten Kind sehr anstrengend sind – sowohl mental als auch in vielen Fällen körperlich. Wer aufgrund einer Mehrfachbehinderung sein Kind über Jahre hin pflegt, steht nicht nur auf der psychischen Ebene unter einer Dauerbelastung, auch der Körper wird in Mitleidenschaft gezogen. Das ständige Heben, Tragen und andere Hilfestellungen belasten ungemein.

Aber es sind nicht nur diese äußerlichen Punkte, die das Familienleben beeinflussen. Viele andere Probleme kommen dazu.

> Wir hatten oft wegen nichts und wieder nichts heftige Auseinandersetzungen.«

Jede Form von Stress ist für eine enge zwischenmenschliche Beziehung eine ernstzunehmende Bedrohung. Familien mit einem behinderten Kind leben in chronischem Dauerstress. Vor allem die Zeit nach der Diagnose ist für viele Paare ein Schwebezustand, in dem sich erst einmal jeder für sich alleine mit der Situation auseinandersetzen muss. Dabei entsteht für viele Elternteile das Gefühl der Einsamkeit. Es gehen einem Dinge durch den Kopf, die man niemandem erzählen mag: das Gefühl, etwas zu denken, das schwer an Schuld wiegt; nicht aussprechen zu können, dass man Angst hat; sich der Herausforderung, dieses Kind großzuziehen, nicht gewachsen zu fühlen.

SICH ZEIT FÜREINANDER NEHMEN

Von Anfang an ist es für die Identität als Paar wichtig, sich Zeit und Raum für Gemeinsamkeiten zu nehmen. Zu Beginn wird das Neugeborene noch dabei sein. Hat es dann nach einigen Wochen oder Monaten einen Tages- und Nachtrhythmus entwickelt, wird es Zeit, sich wieder ein Stück der alten Zweisamkeit zurückzuerobern.

> ›Paar-Zeit‹, das haben wir schon relativ früh gemacht. Wir hatten schnell einen Babysitter und wir sind wieder alleine weggegangen und waren dann nicht in diesem Reihenhaus, sondern wir waren als Paar unterwegs. Das war sehr wichtig.«

Auch wenn zu Beginn dieser Phase vor allem das Kind im Mittelpunkt steht und es schwer fällt, vom Eltern-Modus in den des Liebespaars zu schalten: Eine gute Möglichkeit, um Kraft zu tanken, ist es, in Ruhe ein gutes Essen zu genießen, ohne sich ständig um das Kind oder die Kinder zu kümmern. Wie jede zwischenmenschliche Beziehung, so muss auch – oder sogar vor allem – das Band zwischen Vater und Mutter gehegt und gepflegt werden.

Im Alltag mit Kindern, und besonders mit einem behinderten Kind, fallen viele Punkte des Zusammenlebens sprichwörtlich unter den Tisch. In Anbetracht der Vielzahl der Dinge, die jeden Tag geleistet werden, beschränkt sich die Kommunikation zwischen den Erwachsenen am Ende eines langen Tages häufig nur noch auf die Fortschritte, die das Kind gemacht hat, Arzttermine und daraus folgende Entscheidungen, die getroffen werden müssen, und Ähnliches. All dies sind wichtige Aspekte im Leben einer Familie, die die Sorge und die Freude um ein behindertes Kind tragen. Und es sind Themen, die auf alle Fälle besprochen werden müssen.

>> Wenn der Mann nicht mitmacht, steht er irgendwann im Weg.«

Um in der neuen Rolle als Eltern nicht gänzlich das Liebespaar zu verlieren, das man schließlich nach der Geburt bzw. der Diagnose auch weiterhin sein möchte, ist es wichtig, sich hierfür Zeit und Raum zu schaffen. Auch wenn einen zu Beginn kein Lösungsweg einfallen mag und man der Ansicht ist, dass nur man selbst sich um sein Kind kümmern kann: Frühestmöglich eingeführte Paar-Zeiten sind eine Investition in eine gute und gemeinsame Zukunft.

Das Ritual, einmal pro Woche oder alle zwei Wochen einen Abend gemeinsam außer Haus zu verbringen, ist für viele Eltern nach einer Zeit der Gewöhnung das Highlight im Alltag. Ganz in Ruhe einen Film im Kino anschauen, ein Essen zu zweit bei Kerzenschein, ein langer Spaziergang Hand in Hand oder die Doppelkopf-Runde mit Freunden. Solange man die Zeit zusammen mit dem Partner verbringt, für eine kurze Zeit den alltäglichen Wahnsinn hinter sich lässt und diese Stunden gemeinsam genießt, hat man in stressigen Phasen etwas, von dem man zehren kann.

>> Unsere Freunde versuchen, uns die Zeit, die wir miteinander ohne Kinder verbringen, stets als was ganz Besonderes zu gestalten. Ich

bekomme Komplimente, werde eingeladen und alle bemühen sich, damit wir den Abend genießen können. Keiner sagt das so genau, aber wir spüren es.«

Für jede Frau ist es wichtig, nicht nur als Mutter gesehen zu werden, so wie der Vater nicht nur Vater ist, sondern man in einer Partnerschaft stets mehrere Rollen innehat: als Freund und Vertraute, als Geliebte und Verbündeter. Es muss Raum sein für gemeinsames Lachen und Weinen, für Gespräche, Liebe und Leidenschaft. All dies gehört auch nach der Diagnose zu unserem Menschsein dazu.

»Nach der Diagnose, als wir wieder zu Hause waren, haben wir uns erst einmal geliebt. Wir haben uns geliebt und wir haben geheult. Das war sehr schön, sehr intensiv. Unser Kind, das aus Liebe entstanden ist, und das soll auch so bleiben.«

Eine enge und erfüllte Beziehung basiert natürlich nicht allein auf der Möglichkeit, regelmäßig ein paar gemeinsame Stunden alleine zu verbringen. Jede Partnerschaft ist einzigartig und das, was für die eine Ehe gut ist, muss noch lange nicht als Maßstab für alle anderen Lebensgemeinschaften gelten. Gemeinsam verbrachte Zeit, die beide als schön und sinnvoll erleben, ist die Maßeinheit, in der man rechnen sollte. Ob das nun das Essengehen, die Zeit im Garten mit der Hacke oder einem Glas Wein in der Hand ist, Hauptsache, man ist zusammen und erfreut sich daran.

Steht auf der einen Seite die Paar-Zeit, so sollte auf der anderen Seite die Möglichkeit für einen Ausgleich stehen. Neben der Rolle, die man in einer Partnerschaft erfüllt, gibt es wichtige Sozialkontakte, die man unbedingt beibehalten und ebenfalls pflegen sollte. Es tut gut, mit anderen Menschen zusammen zu sein – ob alleine oder mit dem Kind, zum Beispiel in einer Vater- oder Mutter-Kind-Gruppe, im Sportverein, beim gemeinsamen Shoppen oder dem regelmäßigen Treffen mit der besten Freundin oder dem besten Freund. Nach der Geburt bzw. der Diagnose verändern sich vielleicht die Freundschaften oder bis dahin übliche Aktivitäten verlieren ihren Reiz. Aber nach einiger Zeit entstehen neue Kontakte und das Interesse an der Umwelt erwacht wieder. Die Impulse, die man hierdurch erfährt, schaffen neuen Gesprächsstoff und geben Anlass, auch einmal über den eigenen Tellerrand zu schauen.

ROLLENAUFTEILUNG

» Für einen Mann ist die Behinderung auch ein Schlag. Aber er geht bald wieder arbeiten, hat Kollegen und lebt sein altes Leben ein Stück weiter. Aber ich als Frau, ich gebe alles auf. Ich sitze zu Hause und bin mit dem allem allein.«

Während in vielen Familien nach wie vor der Mann den Hauptanteil des Geldes verdient und viel Zeit außerhalb des Hauses verbringt, sind in der großen Mehrzahl immer noch Frauen für die Kinder und den Haushalt zuständig. Auch wenn sich die Gesellschaft in den letzten Jahren verändert hat, leben dennoch viele Familien nach altem Muster. Die vielschichtige Last der Haushaltsführung samt Kindererziehung spielt sich unter der Regie der Mütter ab.

» Alles, was mit dem Haushalt, den Kindern und Leons Förderung zu tun hat, das bleibt bei mir. Wenn mein Mann nach Hause kommt, dann heißt es: So, ich habe gearbeitet, jetzt brauch ich erst einmal meine Ruhe.«

Es ist ein Spagat zwischen tausenden von Anforderungen für alle Frauen, die ihr Leben zwischen Haushalt, Kinderbetreuung und Beruf organisieren – umso mehr, wenn man Mutter eines behinderten Kindes ist. Trotzdem stärkt eine berufliche oder ehrenamtliche Tätigkeit das Selbstbewusstsein und die dringend notwendige gesellschaftliche Akzeptanz. Auch auf die Partnerschaft kann es sich positiv auswirken, ein

Stück eigenes Leben zu führen und sich am Abend gegenseitig erzählen zu können, was man erlebt hat. So kann man Berufliches, Familiäres und Persönliches gleichberechtigt austauschen.

Dies soll keine Aufforderung an die Mütter und Väter sein, sich einen Job oder ein Ehrenamt zu suchen, die mit ihren Aufgaben als Haushaltsvorstand glücklich, erfüllt und zufrieden sind. Aus eigener Erfahrung weiß ich, wie sehr ein gepflegter Garten, selbstgebackener Kuchen und anregende Gespräche unter Freundinnen zur inneren Zufriedenheit beitragen können. Es geht grundsätzlich um eine Ausgewogenheit und die Bejahung des eigenen Tuns, egal wie es gestaltet wird. Wer mit sich und seinem Leben im Einklang ist, ist auch in der Lage, diese positive Lebenseinstellung in die Partnerschaft einzubringen.

Für eine gute Beziehung ist es auch nach vielen Jahren wichtig, sich die Attraktivität für den Partner zu erhalten. Dies mag banal und im Kontext der Problematik »behindertes Kind und Partnerschaft« oberflächlich erscheinen; ich bin jedoch überzeugt davon, dass wir uns als einzelnes Individuum sowohl in unserer Rolle als Mutter und Vater als auch in unserer Rolle als Frau und Mann definieren und behaupten müssen. Ein Ehering allein ist keine Garantie für eine lebenslange Gemeinschaft. Das Zusammenleben mit einem behinderten Kind bringt viele Stolpersteine für die partnerschaftliche Beziehung mit sich. Umso mehr muss ein jeder sich der Gefahr bewusst sein, die dieser Umstand in sich birgt, und Strategien dagegen entwickeln.

SICH IN KRISEN UNTERSTÜTZUNG HOLEN

Manchmal hilft nur noch professionelle Hilfe. Befürchtet man, dass das Ende der Gemeinsamkeiten endgültig bevorsteht, oder weiß man nicht mehr, wie es mit der Partnerschaft weitergehen soll, sollte man sich nicht scheuen, Hilfe von außen zu suchen.

》 Wir haben uns oft Hilfe von außen geholt und haben drei oder vier Paartherapien gemacht. Wenn wir denken, hier ist ein Punkt, an dem kommen wir jetzt nicht weiter, dann holen wir uns Unterstützung.«

Es ist auf keinen Fall ein Eingeständnis des Scheiterns, sondern vielmehr eine Kampfansage, sein Schicksal nicht als gegeben hinzunehmen. Viele Paare trennen sich und fast jede zweite Ehe wird geschieden. Das Ende einer Ehe allein mit der Existenz eines behinderten Kindes zu erklären, wäre in vielen Fällen ungerechtfertigt und allzu einseitig. Dieses Paar wäre vielleicht auch aus einem anderen Grund auseinandergegangen als aufgrund der Diagnose »behindertes Kind«.

》 Ich denke manchmal schon, dass meine Ehe anders gelaufen wäre, wenn Solveig nicht behindert wäre. Nicht dass sie Schuld an dem Scheitern trägt, aber es wären einfach andere Bedingungen für uns gewesen.«

Viele Familien, die ich kennenlernen durfte, berichten von den Schwierigkeiten, die das Leben mit einem behinderten Kind mit sich bringt, aber auch von dem Zusammenhalt und der Nähe, gerade begründet in der speziellen Lebenssituation als Eltern eines behinderten Kindes.

》 Wir sagen uns immer wieder, dass wir nicht da wären, wo wir heute sind, wenn Tom nicht behindert wäre. Wir sind seit 15 Jahren zusammen und wir streiten uns und werfen uns auch mal Dinge an den Kopf, aber wir lieben uns. Wir lieben uns wirklich.«

Manchmal wiegen die Last der Verantwortung und die gegenseitigen Beschuldigungen zu schwer. Eine Trennung scheint der letzte Weg zu sein. Für Familien mit einem behinderten Kind ist diese letzte Entscheidung in einem bis dahin gemeinsam geführten Leben ein doppelt tragischer und schmerzhafter Schritt. Dennoch kann alleine die Existenz gemeinsamer Kinder, und insbesondere die eines behinderten Kindes, eine gescheiterte Beziehung nicht retten. Es wäre schön und wünschenswert, so wie für alle Familien, wenn die Trennung ohne Streit, Verletzungen und Schuldzuweisungen vonstattengehen würde. Leider ist dies in den seltensten Fällen der Fall. Zurück bleibt ein Elternteil, das in der Regel in vielen Bereichen mit einem schwierigen Alltag und seinen Herausforderungen alleine ist.

» Wir waren komplett unter Druck, völlig fertig, wütend und traurig. Wir wollten im Grunde genommen beide das Gleiche, die Familie zusammenhalten. Aber dann entstand manchmal auch so eine Art Opferkonkurrenz: Wem geht es schlechter, wem geht es besser? Wir haben es gegenseitig nicht so getragen, wie es nötig gewesen wäre. Er kam von der Arbeit und brauchte erst einmal seine Ruhe, konnte nicht nachvollziehen, was ich alles ohne Pause zu Hause geleistet hatte. Vorwürfe wie: ›Wie sieht es hier überhaupt aus?‹ und ›Was machst du eigentlich den ganzen Tag, außer mit deinen Freundinnen zu quatschen und Kaffee zu trinken ...‹ folgten. Wir waren beide am absoluten Limit, völlig ausgebrannt. Dann waren solche Äußerungen natürlich Dynamit.«

In dieser Zeit sind betroffene Mütter und Väter sehr auf die Hilfe ihrer Familienangehörigen oder Freunde angewiesen. Das Leben eines einzelnen Erwachsenen mit Kindern ist immer anstrengend. Am Ende eines langen Tages fehlt das Gespräch unter Erwachsenen. Diese Rolle können und sollen Kinder nicht erfüllen. Ganz besonders fällt dieser Umstand ins Gewicht, wenn das Kind eine geistige Behinderung hat. Das Leben mit einem besonderen Kind bringt immer wieder Fragestellungen mit sich, die verunsichern und die besprochen, analysiert und diskutiert werden wollen. Wer alleine ist, braucht dringend kompetente Gesprächspartner. Dies ist also ein Aufruf an alle Freunde und verantwortungsbewussten Angehörigen, sich bereitzuhalten und in der schwierigen ersten Zeit nach einer Trennung der Freundin, dem Bruder zur Seite zu stehen, zuzuhören und sich die Zeit und Geduld zu nehmen, die in dieser Phase nötig sind.

WAS MAN ALS PAAR FÜR SICH TUN KANN

Es erscheint mir wichtig, alle Betroffenen noch einmal daran zu erinnern, dass die Zufriedenheit und die innere Ausgeglichenheit eines jeden Einzelnen Grundlage einer erfüllten Partnerschaft und eines glücklichen Familienlebens sind. Man sollte nicht zu lange damit warten, Missstände beim Namen zu nennen. Wer sich vernachlässigt und alleingelassen fühlt oder wessen Part im Zusammenleben nicht ausreichend gewürdigt wird, tut gut daran, seine Zweifel und seine Ärgernisse auszusprechen. Auch wenn man sich in einer Beziehung häufig als ein Teil eines Großen empfindet, so denkt und fühlt doch jeder für sich alleine. Nur wenn wir die Partnerin oder den Partner an unseren Empfindungen und Gedanken teilhaben lassen, kann sie oder er auf unsere Bedürfnisse eingehen. Dies kann ein Weg sein, das Beste für ein gemeinsames Leben beizusteuern. Es ist kein Allheilmittel und nicht jede Beziehung wird den Strapazen des Alltags standhalten.

Wie in so vielen Bereichen unseres Lebens können wir auch in der Liebe nur unser Bestmögliches geben. Ein Stück weit müssen wir letztendlich in das Schicksal vertrauen. Die Befürchtung, ein behindertes Kind führe unweigerlich in ein kompliziertes und zum Scheitern verurteiltes Liebes- und Zusammenleben, ist ein Vorurteil, das nicht zwingend zutreffen muss.

Unsere besonderen Kinder können der Schlüssel für eine erfüllte und ebenso besondere Partnerschaft sein. Es liegt in vielen Dingen an uns, gemeinsam als Paar den Weg dorthin mit den uns zu Verfügung stehenden Mitteln anzulegen.

»IMMER DREHT SICH ALLES UM MEINE SCHWESTER ...« DIE GESCHWISTER

Seit einigen Jahren sind berechtigterweise die Geschwisterkinder in den Blickpunkt gerückt, wenn es um die Lebenssituation von Familien mit einem geistig behinderten Kind geht. Man weiß heute, dass diese Kinder vielfach Probleme mit ihrer speziellen Familienkonstellation haben.

Diese Probleme können sowohl in ihrer Ausprägung als auch im Erscheinungsbild sehr unterschiedlich ausfallen. Die familiäre Situation einer fünfköpfigen Familie, in der das drittgeborene Kind eine Trisomie 21 hat, ist mit Sicherheit nicht eins zu eins mit der Situation einer vierköpfigen Familie zu vergleichen, in der das Zweitgeborene aufgrund eines Unfalls im Grundschulalter schwerstmehrfachbehindert ist. Auch die Art der Behinderung wirkt sich auf die Geschwisterkinder aus. Wer schon in jungen Jahren mit der Angst der Eltern um das Überleben eines Bruders oder einer Schwester konfrontiert wird, ist anders belastet als ein Kind, das sich »nur« mit der Andersartigkeit seines Bruders oder der Schwester arrangieren muss. Dazu kommen die Ängste, die ein Kind bei lebensbedrohlichen Krankheitssituationen des Geschwisterkindes miterlebt.

Es gibt viele Konstellationen, mit denen jeweils ganz eigene Fragestellungen einhergehen.

Stellt sich in einer Familie die Frage nach professioneller Unterstützung, so muss die individuelle Situation analysiert werden, um einen optimalen Lösungsweg zu finden.

»SCHATTENKINDER«?

Geschwister von behinderten Kindern als »Schattenkinder« zu bezeichnen, vermittelt ein Bild, das sehr einseitig ist. Kinder, die eine behinderte Schwester oder einen behinderten Bruder haben, leben demnach ständig in deren oder dessen Schatten. Dabei geht es im alltäglichen Zusammenleben häufig um Rücksichtnahme, das Aufbringen von Geduld und Verständnis und das Akzeptieren von Dingen, die in anderen Kinderleben nicht in diesem Maße vorkommen. Alles Eigenschaften, die anschaulich benennen, dass diese Kinder schon sehr früh Fähigkeiten erlernen müssen, die man sich im Prinzip für alle Kinder und ebenso für alle Erwachsenen wünschen würde.

» Toms Schwester ist ja noch klein, aber bislang ist die Geschwisterbeziehung nur als sehr gut zu bezeichnen. Sie übernimmt jetzt schon sehr viel Verantwortung, wischt ihm den Sabber ab, und wenn sie malt, dann sitzt er oft neben ihr und sie nimmt seine Hand, um ihn den Stift führen zu lassen.«

Ich möchte das Thema nicht bagatellisieren. In vielen Gesprächen mit betroffenen Eltern kommt jedoch zum Ausdruck, dass gerade hier sehr viel Druck ausgeübt wird. Neben den Sorgen und der Belastung durch das behinderte Kind besteht auch immer die Befürchtung, die Geschwisterkinder zu vernachlässigen. Dieses Gefühl, nie allen gerecht zu werden, ist ein täglicher Begleiter betroffener Väter und Mütter. Es ist eine immense Herausforderung und Aufgabe, zu akzeptieren, dass dieses Gefühl berechtigt und häufig nicht zu vermeiden ist. Nicht nur wir als Eltern sind mit der Aufgabe, unseren besonderen Alltag zu meistern, häufig überfordert, sondern auch unseren nicht behinderten Kindern wird im täglichen Miteinander sehr viel abverlangt.

» Achtet auf die Geschwisterkinder! Erkennt ihre Leistungen an. Sie kommen zu kurz. Aber haltet es in Grenzen.«

Bei der Rundumversorgung eines behinderten Kindes mit all seinen Bedürfnissen, regelmäßigen Terminen, Fördereinheiten und vielem mehr würde es an ein Wunder grenzen, allen anderen Aufgaben und Wünschen nach Aufmerksamkeit der restlichen Familienmitglieder stets gerecht zu werden.

» In den ersten zwei Jahren war Ole sehr oft krank. Das war auch sehr belastend für unseren großen Sohn. Mein Mann hat zu dieser Zeit sehr viel gearbeitet und für Per war das alles sehr viel. Wir haben uns zum Glück immer wieder bewusst gemacht, dass wir uns gut um ihn kümmern müssen, und haben das so gut gemacht, wie wir konnten.«

Wichtig ist, dass man das Gefühl, nicht allen gerecht zu werden, wahrnimmt und darauf reagiert. Der Schrei nach Aufmerksamkeit wird immer dann laut, wenn es noch Hoffnung auf Erfüllung gibt. Besonders aufmerksam muss man werden, wenn ein Geschwisterkind zu ruhig und angepasst »mitläuft«.

Man sollte erst einmal davon ausgehen, dass Kinder von Natur aus starke Wesen sind. Viele Kinder mit einer sehr schlechten Sozialprognose beweisen immer wieder, dass sie in der Lage sind, schwierige, manchmal bedrohliche Situationen zu meistern und zu gesunden, verantwortungsvollen Menschen heranzuwachsen.

» Ich habe schon immer Angst, dass unsere Tochter zu kurz kommt. Aber sie kommt nicht zu kurz, im Gegenteil. Sie ist ja hier auch die Prinzessin. Auch bei den Großeltern. Die können überhaupt nicht mit unserem Sohn, da ist sie das Ein und Alles.«

Die Herausforderung, mit einem geistig behinderten Bruder oder einer Schwester aufzuwachsen, mag Nachteile mit sich bringen. Da man aber an dieser Situation nichts ändern kann, kann man genauso gut die Seiten betonen, die positiv sind und die dieses Zusammenleben als eine besondere Chance darstellen. Wieder einmal liegt die Herausforderung bei uns Eltern, den rechten Mittelweg zu finden, der die Waagschale im Lot hält.

» Wenn wir hier im Haushalt die Aufgaben verteilen, dann heißt es: ›Immer ich, die Vera muss nie so viel machen!‹ Aber wenn ich ihnen dann erkläre, was für Freiheiten sie im Gegenzug haben und welche Arbeiten Vera immer erledigt, dann sehen sie es schon ein. Und sie kann nicht einfach ihr Fahrrad nehmen und den Nachmittag mit Freunden verbringen, so wie es die anderen beiden machen.

Es ist völlig normal, wenn Geschwister untereinander Streit haben oder es Phasen gibt, in denen der eine den anderen nicht leiden kann.«

》 Unser Großer hat oft gesagt: ›Immer, immer und immer Ole, ich kann den Scheiß nicht mehr hören!‹ Und da habe ich gedacht, oh toll, solange er das so rauslassen kann, ist das gesund.«

EHRLICHKEIT IST WICHTIG

Die Herausforderung liegt darin, unsere nicht behinderten Kinder frühzeitig dafür zu sensibilisieren, dass es Besonderheiten im Verhalten der behinderten Schwester gibt, die zwar stören, aber für die sie nicht verantwortlich gemacht werden kann. Am besten tut man dies mit Ehrlichkeit. Auch wenn ein kleines Kind mit dem Begriff »Down-Syndrom« oder »Sauerstoffmangel« noch nicht viel anfangen kann, so hat es doch ein Wort, das ihm vermittelt, dass es eine Erklärung gibt.

》 Am Anfang war es schon schlimm. Ich habe ihnen dann erzählt, dass sie einen kleinen Bruder bekommen haben, dass er aber krank und auch behindert ist. Der Jüngere hat gefragt, warum sie denn jetzt ausgerechnet einen behinderten Bruder bekommen haben? Ich habe ihm gesagt, dass wir auch nicht gefragt haben und dass wir auch lieber ein gesundes Kind hätten. Aber weggeben würden wir ihn jetzt ja auch nicht mehr wollen. Er ist trotzdem ihr Bruder.

Und ich habe den beiden Großen gesagt, dass das größte Glück, das der Levin hat, seine zwei großen Brüder sind. Er wird alles von ihnen abschauen und von ihnen lernen. Das war der springende Punkt für die beiden.«

Es ist wichtig, die Geschwisterkinder in angemessenem Maße an unseren Sorgen und Nöten im Umgang mit unserem behinderten Kind teilhaben zu lassen. Ein fünfjähriges Kind, das angesichts eines Tränenausbruchs der Mutter gesagt bekommt: »Ach, es ist nichts, mir geht es gleich wieder gut«, ist mit Sicherheit verunsicherter, als wenn es gesagt bekommt, dass man traurig sei, weil man sich so viele Sorgen um den kleinen Bruder oder die große Schwester mache. Und es ist gleichzeitig die Chance, dieses Kind in den Arm zu nehmen, sich daran zu erfreuen, dass es da ist, und darin einen Trost zu finden. Durch diesen oder einen ähnlichen Ablauf lernt bereits ein fünfjähriges Kind, dass man es ernst nimmt, es unser Vertrauen genießt und in der Lage ist, durch seine Existenz und seine Umarmung Trost zu spenden.

Auch mit den besten Vorsätzen ist es nicht immer möglich, dieses Idealbild einer in sich einigen Familie in die Tat umzusetzen. Was uns bleibt, ist das Wissen, dass dies auch in vielen Familien ohne ein behindertes Kind schwierig ist. Wichtig ist es dann, einen verträglichen und respektierenden Umgang miteinander durchzusetzen.

> »Unser Sohn kommt nicht so gut mit seiner Schwester zurecht. Ich glaube, es liegt daran, dass sie schon relativ groß war, als er geboren wurde. Er weiß gar nicht, was es alles gebraucht hat, bis sie so weit gekommen ist, wie sie jetzt ist. Er ist genervt von ihr, wenn sie zu langsam ist, im Weg rumsteht oder so, und ich muss ihm immer wieder erklären, dass wir froh sind, dass sie überhaupt läuft.«

ANDERE ANSPRECHPARTNER FINDEN

Es kann sowohl für das betroffene Kind als auch für die Eltern eine große Entlastung darstellen, einen Menschen in der Verwandtschaft oder im Freundeskreis zu haben, der gerne und verantwortungsbewusst die Rolle des Ansprechpartners für das Geschwisterkind übernimmt. Das funktioniert natürlich nur, wenn ein gutes und solides Vertrauensverhältnis zwischen allen drei Parteien gegeben ist. So gut wie jeder Erwachsene kann sich an problematische Situationen erinnern, die es einem schwer oder schier unmöglich gemacht haben, sich den Eltern anzuvertrauen. Weil sie wissen, dass Vater und Mutter aufgrund des behinderten Bruders oder der Schwester zu beschäftigt sind oder nicht die Kraft und Energie aufbringen, sich zu manchen Zeiten ausreichend um einen zu kümmern, spielen viele Geschwister Probleme und persönliche Anliegen herunter.

» Manchmal fällt es mir sehr schwer, auf die Bedürfnisse von Merle einzugehen. Es ist dann einfach alles zu viel und mir kommen ihre Probleme so nichtig vor. Dabei weiß ich ja ganz genau, wie sie sich fühlt, aber ich bin einfach nur genervt und fühle mich dabei auch noch schlecht.«

Auf Dauer ist dieses Verhalten weder für das betroffene Kind noch für die Eltern und die gemeinsame Beziehung gut. Hat man jemanden im Hintergrund, der sich Zeit für das Geschwisterkind nimmt und ihm zuhört, es ernst nimmt und im Zweifelsfall auch vermitteln kann, so verteilt man die Last auf mehrere Schultern.

» Unsere Tochter weiß, dass sie jederzeit mit meiner Freundin oder mit meiner Schwester reden kann. Wir haben schon häufiger darüber gesprochen, dass es Zeiten gibt, wo man sich nicht so gut versteht oder ich keine Zeit für sie habe, aber dass es wichtig ist, dass sie immer einen Erwachsenen hat, mit dem sie sprechen kann.«

Solch eine Vertrauensperson ersetzt nicht das Gespräch und die elterliche Fürsorge, sondern gibt einem da Sicherheit, wo man befürchtet, seinem Kind nicht gerecht zu werden.

AGGRESSIONEN UNTER GESCHWISTERN

Trotz aller Bemühungen kann es Situationen geben, denen man sich nicht gewachsen fühlt und die einen an die Grenzen seiner Belastungsfähigkeit bringen. Aggressionen unter Geschwistern kommen in nahezu allen Familien mehr oder weniger häufig vor. Der kleine Bruder, der das Puppenhaus der Schwester verwüstet, muss damit rechnen, dass diese sich wehrt. Auch Eltern, die konsequent und in einer für Kinder verständlichen Sprache ihren Nachwuchs dahingehend erziehen, dass Worte allemal besser als Hauen, Schubsen, Zwicken und Treten sind, erleben hin und wieder körperliche Gewaltausbrüche. In einem bestimmten Rahmen ist ein solches Verhalten normal und es ist nicht notwendig, sich übermäßige Sorgen zu machen. Wenn aber Gewalt unter Geschwistern ein Dauerthema ist, sollte man den Auslösern auf den Grund gehen.

Es gibt verschiedene Formen und Ausprägungen von Gewalt. Ein geistig behindertes Kind von zwölf Jahren, das häufig und scheinbar ohne Grund seine jüngeren oder auch älteren Geschwister schlägt, kann viele Gründe hierfür haben. Es gibt keine Verallgemeinerung, keinen »guten Tipp«, der einzig und alleine helfen kann. Ein Mädchen mit einer leichten geistigen Behinderung mag eine andere Antriebsfeder für sein Verhalten haben als ein gleichaltriges, schwerstmehrfachbehindertes Kind, das das Hauen und Schlagen als Mittel der Kommunikation einsetzt. Bei einigen Mädchen und Jungen ist das gewalttätige Verhalten ein ungebremster Ausdruck starker Emotionen, negativer wie auch positiver.

Manch geistig behindertes Kind sucht die körperliche Aggression als Ventil für erlebte Frustrationen. Besonders wenn eine verbale Ausdrucksmöglichkeit fehlt und das Kind ständig erlebt, dass es mit der Schwester, dem Bruder und vielen anderen Kindern nicht mithalten kann, können tätliche Übergriffe ein Mittel sein, seinen Gefühlen Ausdruck zu verleihen.

Für den geschlagenen Bruder oder die Schwester mögen diese Erklärungen nicht unbedingt hilfreich sein. Allerdings sind die Suche nach den Gründen und die Antwort auf die Frage des »Warum« für uns Eltern der Maßstab für unsere Reaktion.

Grundsätzlich gilt es, dem geschlagenen Kind solidarisch zu begegnen. Auch wenn die Gewaltäußerung unbeabsichtigt oder nicht gezielt als Übergriff eingesetzt wurde, so gilt unsere Aufmerksamkeit im ersten Augenblick dem »Opfer«. Aus welchen Gründen auch immer: An erster

Stelle gilt es, die Ungerechtigkeit als solche wahrzunehmen und zu trösten, mit wütend zu sein und dem geschlagenen Kind zur Seite zu stehen. Gewalt darf niemals ein Mittel zum Zweck sein!

Besonders für unsere nicht behinderten Kinder ist es wichtig, zu erleben, dass Ungerechtigkeiten nicht wortlos geduldet werden, auch wenn sie unbeabsichtigt oder ohne Schuld passiert sind. Im Nachhinein kann man immer noch erklären, dass der Bruder es nicht so gemeint hat, aber das aufgrund seiner geistigen Behinderung nicht versteht und/oder aufgrund einer Spastik seine Bewegungen nicht immer kontrollieren kann. Zuerst sollte jedoch Verständnis für das geschlagene Kind geäußert und seine Wut, Trauer, den Ärger und auch die Frustration geteilt werden. Das Eingeständnis, dass man selbst, als Vater oder Mutter, hilflos ist und dies offen formuliert, hilft dem geschlagenen Kind. Es gibt einfach Situationen, die auch für einen selbst schmerzhaft sind, die man nicht möchte, für die es aber nicht immer sofort eine Lösung gibt. Danach kann man immer noch nach den Gründen und gegebenenfalls nach einem Hilfsangebot schauen.

Das ist eine der vielen Stolperfallen, denen wir als Mutter oder Vater eines behinderten Kindes und nicht behinderten Geschwistern immer wieder ausgesetzt sind. Auf der einen Seite erwarten und verlangen wir von unseren nicht behinderten Kindern Verständnis, Geduld und Fürsorge. Es sind jedoch genau diese Momente, in denen wir das Augenmerk weg von der Behinderung und hin zu den »normalen« Bedürfnissen eines jeden Kindes lenken müssen. Rücksichtnahme muss ihre Grenzen haben. Bei gewalttätigen Übergriffen ist es an uns Eltern, alle unsere Kinder zu schützen.

Vielen Eltern fällt es schwer, mit ihrem behinderten Kind zu schimpfen. Ein Grund ist das permanente Schuldgefühl, das viele Väter und Mütter angesichts der Lebenssituation ihres Kindes empfinden. Dazu kommen das ewig schlechte Gewissen, nie genug zu tun, und das Mitleid mit dem »armen kranken Kind«, das eh schon genug leiden muss. Aber nicht immer lässt sich ein Hauen, Schlagen oder Treten mit tiefsinnigen Begründungen erklären. Auch behinderte Kinder können schlichtweg ungezogen sein. Und so wie man einem nicht behinderten Kind in einem solchen Falle begegnet, so sollte man auch versuchen, seine behinderte Tochter oder den Sohn zu erziehen. Klare Regeln in deutlichen Worten und Konsequenzen, die einen bei grobem Übertreten der Regeln erwarten, helfen allen Kindern, sich sowohl familiär als auch gesellschaftlich zu orientieren. Ein Kind, das zu Hause seine großen Geschwister schlagen darf, weil es ja klein und behindert ist, wird spätestens im Kindergarten ein Problem bekommen – und die Eltern werden für das Verhalten des Kindes zur Verantwortung gezogen werden.

Wir Eltern sind stets um die Gleichberechtigung unserer behinderten Kinder bemüht. Dieser Anspruch sollte auch in den eigenen vier Wänden und im familiären Umfeld gelten. Soweit dies möglich ist, sollten wir in der Erziehung keine großen Unterschiede zwischen unserem behinderten und dem nicht behinderten Kind machen.

Geschwisterliche Rivalitäten können wechselseitig auftreten. Das behinderte Kind ist vielleicht angesichts seiner Defizite und der Unterschiede zu seinen Geschwistern frustriert, auf der anderen Seite neiden die nicht behinderten Kinder ihm die Aufmerksamkeit und die viele Zeit, die es durch seine Behinderung auf sich zieht. Alle Kinder können in die Situation geraten, Gewalt als ein Mittel zu nutzen, sich und ihre Bedürfnisse durchzusetzen.

Wenn wir als Mutter oder Vater das Gefühl haben, Aggressionen und Gewalt auf längere Sicht nicht mehr gewachsen zu sein, dann ist es an der Zeit, sich Hilfe zu holen. Es gibt Menschen, die sich mit diesem Thema auf professioneller Ebene auseinandergesetzt haben und deren Hilfe man in Anspruch nehmen darf. Auch der Austausch mit anderen Eltern kann unterstützen und dabei helfen, Lösungen zu finden.

NORMALITÄT IM ALLTAG

Trotz aller Probleme, die das Zusammenleben einer Familie mit einem geistig behinderten Kind erschweren, sollte man nicht vergessen, dass die Behinderung des Bruders oder der Schwester Normalität ist. Viele

Probleme, die wir als Erwachsene sehen und befürchten, müssen nicht zwingend eintreten.

Wenn wir die Behinderung als Grund für eine besondere Rollenverteilung nutzen, dann werden unsere Kinder diese Rollen mehr oder weniger erfüllen. Dies gilt sowohl für das behinderte Kind als auch für die nicht behinderten Geschwister. Je mehr Ehrlichkeit in einer Familie herrscht, umso normaler und einfacher ist das Zusammenleben.

Es ist auf jeden Fall hilfreich, regelmäßig sein familiäres Verhalten zu reflektieren – entweder allein als Paar, im Zusammensein mit anderen Familien, die unter ähnlichen Umständen leben, oder im Einzelfall auch mit therapeutischer Hilfe. Gespräche mit Freunden und Verwandten können einem gute und positive Impulse geben. Häufig fühlt man sich jedoch besser verstanden, wenn man mit Menschen redet, die die Situation aufgrund einer persönlichen Betroffenheit nachvollziehen können.

Kinder spiegeln in ihrem Verhalten wider, was wir ihnen vorleben. Setzen wir unser behindertes Kind auf einen unerreichbaren Sockel, zu dem niemand außer uns und vielleicht noch professionellen Helfern Zugang hat, so wird es natürlich für alle anderen schwer, dieses Kind im familiären Alltag zu integrieren. Stellen wir es jedoch mit all seinen Besonderheiten, negativen wie positiven, in unsere Mitte (nicht in den Mittelpunkt), so dürfen wir beruhigt davon ausgehen, unser Bestmögliches für eine heile Familie zu tun.

Dies soll nicht den Wunsch nach Individualität eines jeden Familienmitglieds ausschließen. Und es bedeutet auch nicht, alle Unternehmungen stets gemeinsam mit allen Familienmitgliedern planen zu müssen.

> »Bei einem Schulfest sagte unser Sohn irgendwann einmal: ›Aber Ole muss doch nicht mit. Ich glaube, das ist auch gar nichts für ihn‹, und wir haben gesagt: ›Ja, da hast du vielleicht Recht. Ole kann dann ja vielleicht zu Tante Gerlind gehen.‹ Ich denke, auch er hat das Recht, zu sagen, wie und was er will, und wir müssen ihn dann ernst nehmen in seinen Ängsten und Unsicherheiten.«

Der öffentliche Appell an das elterliche Gewissen, sich nicht ausreichend um die Bedürfnisse der Geschwisterkinder zu kümmern, erhöht den Druck, der sowieso auf betroffenen Müttern und Vätern lastet. Das Angebot, Möglichkeiten wie Geschwister-Gruppen, Sprechstunden für betroffene Geschwister und geeignete Literatur für Eltern, Kinder und Familien zu nutzen, kann hingegen ein konstruktiver Vorschlag sein, sich präventiv und aktiv mit dem Thema auseinanderzusetzen. In den vergangenen Jahren hat sich in diesem Bereich einiges getan. Sowohl die Literatur zum Thema als auch lokale Angebote und nicht zuletzt das Internet können einem weiterhelfen. An diesem Punkt möchte ich dennoch darauf hinweisen, dass der persönliche Austausch mit anderen betroffenen Familien, für die das ebenfalls der Alltag ist, die eigene, manchmal ausweglos erscheinende Situation in ein anderes Licht rücken kann.

» Wir haben dann eine Gruppe gegründet, lauter Mütter mit verschiedenen behinderten Kindern. Die Kinder haben gespielt, am Anfang saßen wir noch alle mit auf dem Boden, und wir hatten die Möglichkeit, uns auszutauschen.«

Eine weitere Befürchtung, die viele Eltern hegen, ist die Frage der zukünftigen Verantwortung für das behinderte Kind. Wer wird eines Tages, wenn man selbst nicht mehr in der Lage ist, sich zu kümmern, diese Aufgabe übernehmen? Kann man dem Bruder oder der Schwester diese Last aufbürden? Was wird aus dem behinderten Kind, wenn das Verhältnis unter den Geschwistern für eine lebenslange Verbindung nicht ausreicht? Was passiert, wenn die zukünftigen Partner der Geschwister den behinderten Bruder, die behinderte Schwester nicht akzeptieren?

» Wenn wir mal nicht mehr leben, liegt die Verantwortung bei Per. Dieser Gedanke ist nicht immer präsent, aber er gehört zu unserem Leben dazu. Dass wir anders für Ole in die Zukunft schauen, als wir das für Per machen.«

Es gibt viele Fragen, die wir im Vorfeld nicht beantworten können. Die einzige Möglichkeit, die uns zur Verfügung steht, ist, die besten Voraussetzungen für ein gutes Familienleben im Jetzt zu schaffen: unsere Kinder, egal ob behindert oder nicht behindert, zu selbstbewussten, verantwortungsvollen Menschen zu erziehen, ihnen Toleranz und Wertschätzung anderen gegenüber vorzuleben; hinzuschauen, wenn sie straucheln, und sie in dem Wissen aufwachsen zu lassen, dass sie geliebt, geachtet und respektiert werden, dass sie in uns Eltern Menschen haben, an die sie sich immer wenden können, und wir ihnen nichts nachtragen. Es ist wichtig, zu erkennen, dass Kinder nichts ohne Grund tun. Negatives, unerwünschtes Verhalten hat stets einen Grund. Es ist Anzeichen für einen Missstand, den wir Eltern aufdecken und ändern müssen. All unsere Kinder sind darauf angewiesen, dass wir stets hinschauen und reagieren.

Wir können die Zukunft nicht gezielt beeinflussen. Aber wir können nach bestem Wissen und Gewissen darauf hinarbeiten, unseren Kindern die allerbesten Möglichkeiten mit auf den Weg zu geben.

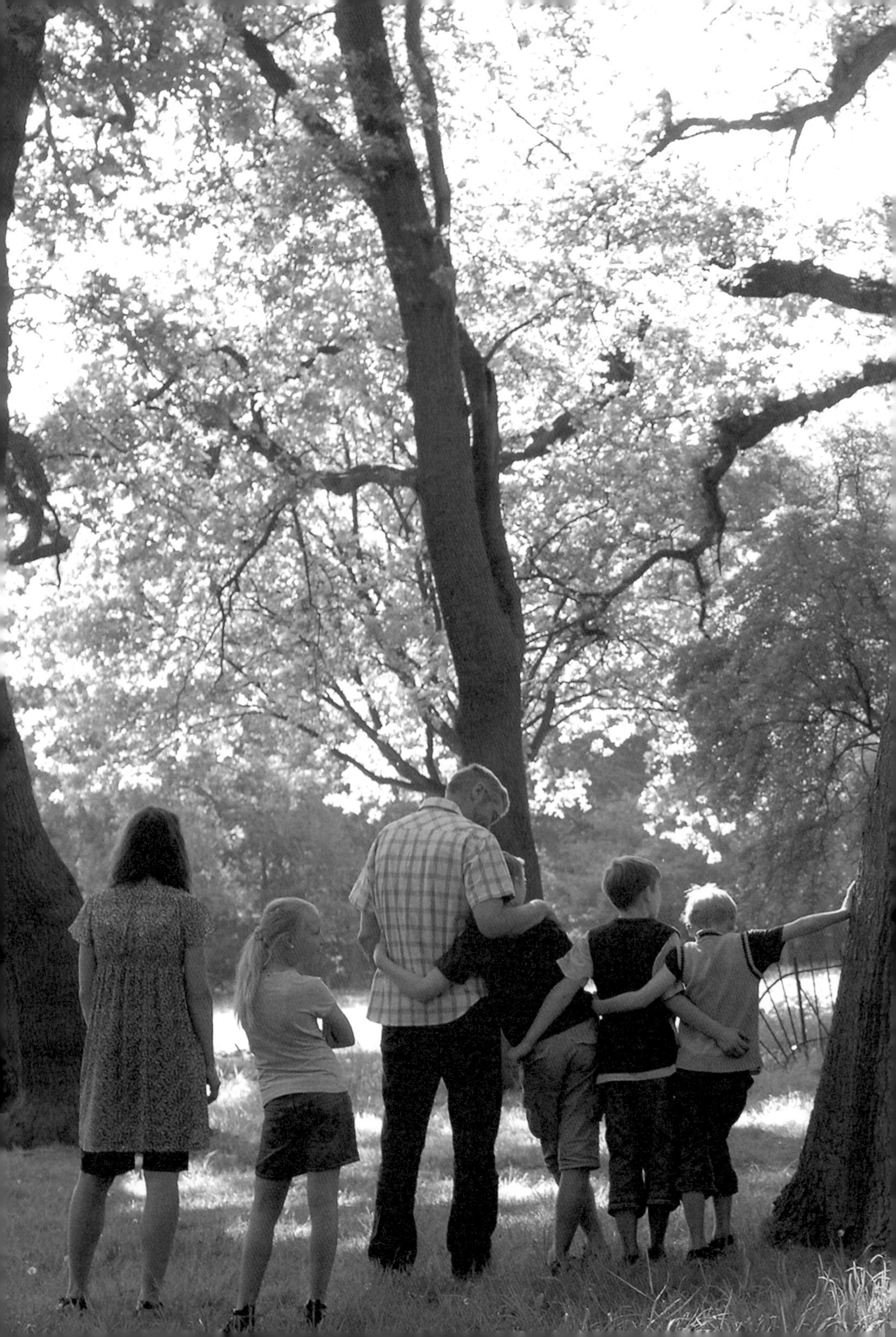

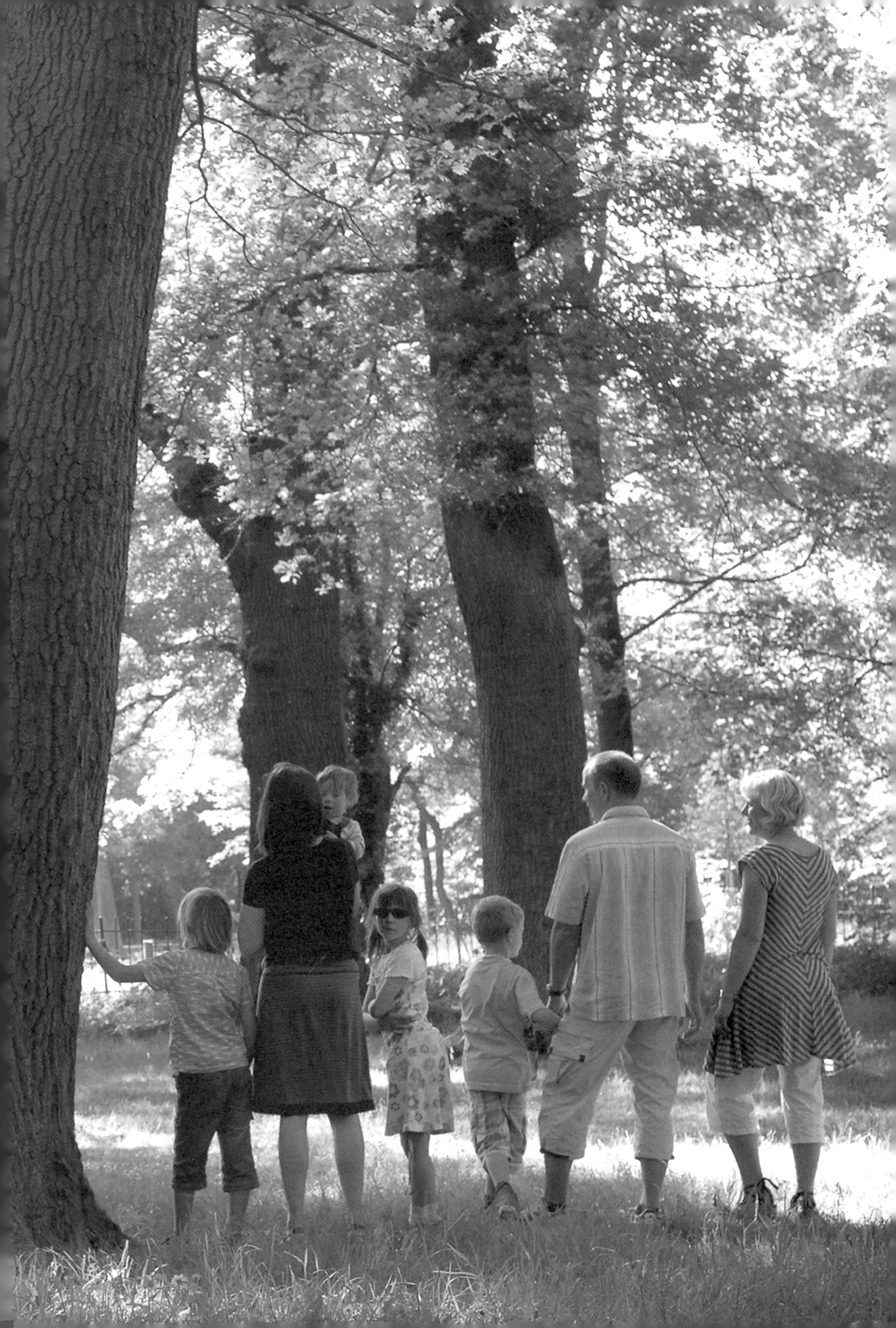

»MUSS ICH UNSEREM SOHN NOCH MEHR ANBIETEN?« FÖRDERUNG UND THERAPIEN

» Von seinem Partner kann man sich trennen, wenn es nicht mehr so läuft. Den Job kann man hinschmeißen, wenn man nicht mehr möchte, und sich was Neues suchen. Aber dein Kind, das kannst du nicht aus deinem Leben streichen. Das ist natürlich mit allen Kindern so, ob behindert oder nicht, aber ein behindertes Kind zeigt dir die Konsequenzen noch viel deutlicher auf.«

In den ersten Wochen und Monaten nach der Geburt eines geistig behinderten Kindes bzw. der Diagnose fühlt sich das eigene Leben häufig fremd an. Auf einmal bestimmen Krankengymnastik, Frühförderung, Sprechstunden in Pädiatrischen Zentren und Arztbesuche den Alltag.

» Wir sind von der Klinik nach Hause gekommen und mussten dann erst einmal eine Krankengymnastik-Praxis, einen geeigneten Kinderarzt, einen Augenarzt und so weiter suchen. Dazu kam das tägliche Abpumpen der Muttermilch und alles zusammen hat mich schon sehr gestresst.

Alle vier bis sechs Wochen mussten wir zurück in die Klinik, zur Kontrolle. Er hat einfach nicht zugenommen und hat ständig gespuckt, dabei musste er doch unbedingt das nötige Gewicht erreichen, um operiert werden zu können. Aber der ganze Stress hat nur das Gegenteil bewirkt.«

Fachvokabular schwirrt einem durch den Kopf, vieles ist noch unverständlich und lässt einen ängstlich in die Zukunft blicken. Es bleibt wenig Zeit, sich auf die eigene Person zu besinnen. Die Zeit, die man mit seinem Kind verbringt, ist allzu oft fremdbestimmt. Die unmöglichsten Gedanken können einem in dieser Zeit durch den Kopf gehen.

» Die einzige Frage, die ich am Anfang hatte, war, ob er uns jetzt weggenommen wird. Ob wir ihn behalten dürfen. Ein behindertes Kind ... Wir wussten überhaupt gar nichts. Man hat tausend Vorstellungen und weiß doch nichts. Nur, dass er doch unser Kind ist.«

In Zeiten größter emotionaler Not spielen die Gedanken verrückt. Dies ist ein natürliches Zeichen von Ruhebedürftigkeit und dem Bedürfnis nach Besinnung. Aber dann erwacht die Löwin im Mutterherz bzw. der Löwe im Herzen des Vaters und wir sind in der Lage, uns in kürzester Zeit zu Fachspezialisten des jeweiligen Behinderungsbildes zu entwickeln. Insbesondere für die bekannten Symptome und Behinderungen gibt es inzwischen bergeweise Literatur, die uns über sämtliche Therapien informiert, die weltweit angewendet werden und einem ständigen Wechsel und Zuwachs unterliegen. So manch ein Paar hat bereits nach wenigen Monaten der Elternschaft das Gefühl, nicht von Anfang an das Richtige getan oder sogar zu spät mit der jeweiligen Förderung begonnen zu haben.

» Da gibt es Leute, die sagen, mit Förderung schaffen unsere Kinder alles und du musst Geduld haben. Aber ich habe Geduld und wenn es dann nicht klappt, dann denke ich, mache ich zu wenig? Muss ich unserem Sohn noch mehr anbieten? Muss ich zu noch mehr Therapien hin? Bin ich denn eine schlechte Mutter, weil ich zu wenig mache? Manchmal habe ich keine Kraft mehr zu gar nichts.«

So hetzt man von einem Termin zum anderen, immer in der Sorge, etwas Wichtiges zu versäumen oder nicht in Anspruch genommen zu haben. Diese Sorge, bloß keine Gelegenheit zu verpassen, ist ein großes Problem. Auf der einen Seite ist es absolut nachvollziehbar, dass man seinem Kind die bestmögliche Versorgung und Förderung zukommen lassen möchte. Andererseits begibt man sich hierbei auf einen Weg, der große Belastungen mit sich bringen kann. Es gilt, das richtige Mittelmaß zu finden, sodass das Kind gut versorgt und gefördert ist, man selbst aber auch noch Raum für sich und die Familie hat.

DIE BEHINDERUNG BLEIBT

Vielen Eltern fällt es sehr schwer, die Tatsache anzuerkennen, dass eine geistige Behinderung nicht »wegzutherapieren« ist. Hat man diese Grundwahrheit akzeptiert und angenommen, so wird man in der Lage sein, die wirklich wichtigen Bedürfnisse des Kindes und dessen Möglichkeiten zu erkennen und darauf einzugehen.

» Es gibt da zwei Ebenen, die man unterscheiden muss. Die Frage, warum er behindert ist oder wieso ausgerechnet wir, damit sind wir durch. Es geht eher um den Alltag. Nicht zu wissen, was er hat. Nicht ergründen zu können, warum er weint. Hat er Schmerzen, hat er schlecht geträumt, was ist los? Ich muss nicht mehr ergründen, warum es so ist, wie es ist. Und ich kann inzwischen ganz gut damit leben.«

Vieles, was noch vor einigen Jahren als unerreichbar galt und von dem man überzeugt war, dass unsere Kinder diese Ziele nie erreichen würden, ist heute möglich. Trotzdem gilt:

» Aber trotz Förderung können nicht alle alles lernen.«

Viele Kinder mit Down-Syndrom lernen heute lesen und schreiben. Dies ist für alle, auf die es zutrifft, eine wunderbare Bereicherung und ein großes Ziel, auf das es sich hinzuarbeiten lohnt. Dennoch darf man nicht erwarten, dass nun alle Kinder mit Trisomie 21 lesen und schreiben lernen. Die Enttäuschung ist groß, wenn das eigene Kind nicht dazu in der Lage ist. Und wenn das Lernen zum Kampf wird, leidet nicht nur das Kind. Der gesamte familiäre Alltag wird von überzogenen Forderungen negativ beeinflusst. Und mit schlechter Stimmung, Streit und Stress lässt es sich bekanntermaßen nicht gut lernen.

Förderung ist ein wichtiger Aspekt in der Erziehung unserer Kinder. Im gewissen Sinne sind Kinder mit einer geistigen Behinderung viel mehr auf Stimulation von außen angewiesen als nicht behinderte Kinder.

Diese suchen sich in vielen Lebensbereichen die Anforderungen von ganz alleine oder fordern sie ein. Trotzdem ist es wichtig, nicht seine ganze Energie allein in die Förderung zu stecken.

> »Kinder sind manchmal wie schwarze Löcher; je mehr Energie man in sie steckt, umso größer wird das Bedürfnis nach immer mehr.«

Ein entspannter Nachmittag auf dem Sofa, gemeinsames Blättern in Bilderbüchern oder mal ein Eis essen zu gehen, ist ebenso wichtig und beinhaltet wertvolle Erfahrungen für jedes Kind. Wenn wir ausgeglichen und mit uns zufrieden sind, sind wir am ehesten in der Lage, unsere Kinder bestmöglich zu fördern.

> »Eine ganze Zeit war es wie in einer Spirale. Mir ging es mit der ganzen Situation total schlecht, ich fühlte mich überfordert und unser Sohn hat das natürlich auch gespürt und signalisierte deutlich, dass es ihm auch nicht gut ging. Dadurch fühlte ich mich noch schlechter, weil ich ihm in dem Moment einfach nicht helfen konnte. Die einzige Möglichkeit war es dann, zuzusehen, dass ich mich um mich kümmere, dafür sorge, dass es mir wieder besser ging, und dann war ich auch wieder in der Lage, mich gut um mein Kind zu kümmern. Dass sein Wohlbefinden ganz eng mit meiner eigenen Befindlichkeit verbunden ist. Zwischendurch tappe ich immer wieder mal kurz in diese Falle, habe aber gelernt, sie relativ schnell zu erkennen und auch mal loszulassen, Situationen als gegeben hinzunehmen, ohne immer gleich was ändern zu wollen.«

Man sollte nicht aus den Augen verlieren, dass man an erster Stelle Mutter oder Vater des Kindes ist, nicht seine Physiotherapeutin, sein Logopäde, Ergotherapeut oder Krankenpflegerin – auch wenn es sich nicht vermeiden lässt, bei seinem Kind viele Aspekte der therapeutischen und pflegerischen Arbeit anzuwenden.

ZWEIFEL AN DER THERAPIE

Es gibt Situationen, die diese Diskrepanz zwischen den Rollen besonders erschweren. Therapien, die das Kind nur mit Widerwillen oder unter Schmerzen mitmacht, können einen als Elternteil verzweifeln lassen.

> Wir haben mit unserem Sohn Krankengymnastik nach Voiter gemacht. Das war schrecklich. Ich konnte das nicht mehr aushalten. Sein Bruder hat geweint und gesagt: ›Hör auf, merkst du denn nicht, dass du ihm weh tust? Hörst du nicht, wie der weint? Wie kannst du da nur weitermachen?‹ Und man muss diese Übungen ja dreimal am Tag machen! Ich war völlig am Ende! Und wo dann so ein Griff kam, wo ich halb über dem Kleinen liegen musste, ihn im Schwitzkasten hatte, da war es für mich vorbei. Die Physiotherapeutin hat immer wieder versucht, mich auf Voiter zurückzubringen, und sagte: ›So wie ein Kälble die Milch braucht, so braucht dein Sohn Voiter. Sonst wird aus ihm gar nichts werden.‹ Daraufhin haben wir dann die Praxis gewechselt.«

Wenn man selbst das Gefühl hat, eine Therapie nicht aushalten zu können, dann ist es legitim und auch verantwortungsvoll seinem Kind gegenüber, eine Therapieform abzubrechen. Kinder spüren die Not ihrer Eltern. Und so wie man für sich selbst entscheidet, so darf man auch für sein Kind entscheiden, wenn dieses nicht selbst in der Lage dazu ist.

Auch Therapeuten sind nur Menschen. Nicht immer muss man mit allem, was von professioneller Seite an einen herangetragen wird, einverstanden sein. Manchmal bedarf es einer großen Portion Mut, zu sagen, dass man mit einer Behandlungsform, egal wie anerkannt und wissenschaftlich erwiesen deren Erfolg ist, nicht einverstanden ist. Dass man den Facharzt oder eine therapeutische Praxis wechseln möchte, weil man sich selbst dort nicht wohlfühlt oder man das Gefühl hat, dass es seinem Kind dort nicht gut geht. Unsere Kinder sind darauf angewiesen, dass wir in diesen Fällen für sie sprechen und handeln.

» Irgendwann haben wir die Logopädie eingestellt. In der Klinik waren sie entsetzt, dass wir keine Sprachförderung mehr machen. Man dürfe doch niemals nie sagen. Ich habe dann gefragt, ob sie im Ernst meinen, dass Marie, die mit ihren 16 Jahren noch nie ein Wort gesprochen hat, dass, wenn sie jetzt ein oder zwei Worte lernen würde, sie dann ein leichteres Leben hätte? Solange sie nicht mal ›Mama‹ sagt, glaube ich nicht, dass sie jemals sprechen lernen wird. Was bringt dann der jahrelange Stress?«

Vielleicht hilft es in bestimmten Situationen, die Verantwortlichkeit für eine Behandlung innerhalb der Partnerschaft zu tauschen oder jemanden zu finden, der einen in diesem Bereich entlastet. Das kann ein Elternteil, ein guter Freund oder auch die persönliche Assistenz des Kindes sein, finanziert zum Beispiel durch die Verhinderungspflege der Pflegekasse.

» Mein Mann hat diese speziellen Übungen mit Tom gemacht. Ich saß unten im Büro und es hat mich schier zerrissen. Wenn möglich, bin ich gegangen, weil ich es nicht aushalten konnte, ihn brüllen und weinen zu hören … Allein die Fortschritte, die er unter diesen Übungen machte, ließen es uns aushalten.«

»ES WAR EINE GROSSE HILFE VON ANFANG AN«: SELBSTHILFEGRUPPEN, NETZWERKE UND PROFESSIONELLE HILFE

Spätestens wenn man den Punkt erreicht hat, sich gegen erlebtes oder drohendes Unrecht wehren zu wollen – sei es das Angehen gegen offene Diskriminierung oder das Erkämpfen der nötigen finanziellen Unterstützung –, sollte man sich Unterstützung holen. Es gibt Familien, die schon lange vor einem selbst diese Kämpfe ausgefochten haben, und es lohnt sich, den Austausch in einer Selbsthilfe- oder Angehörigengruppe zu suchen und nicht jeden steinigen Weg alleine zu gehen, wenn andere Betroffene vielleicht schon eine Lösung gefunden haben.

Auf dem Weg in eine Normalität kann es nur von Vorteil sein, den Kontakt zu Gleichgesinnten zu suchen und zu pflegen. Zum einen erspart man sich eine Menge Arbeit, wenn man an den Erfahrungen anderer Familien teilhaben kann. Auf der anderen Seite genießen viele Mütter, Väter, Geschwister und auch unsere Kinder mit einer Behinderung die Selbstverständlichkeit, die im Umgang mit anderen betroffenen Familien herrscht.

> Ich finde es sehr wichtig, zunehmend wichtiger, andere Leute in vergleichbarer Situation kennenzulernen, um eine Vorstellung zu bekommen, wie die verschiedenen Lebenswelten aussehen. Und auch, um zu sehen, wer gut damit zurechtkommt, glücklich ist mit dem, was er hat, und wie diejenigen das machen.«

Die vielen Erklärungen, die nötig sind, wenn man sich zum Beispiel einer Gruppe von Müttern aus der Nachbarschaft anschließt, entfallen im Umgang mit anderen betroffenen Familien.

> Der Kontakt zur Gruppe hat mir sehr geholfen, anzukommen. Bei dem Gedanken, dem Gefühl: Ich bin die Mutter von einem schwerstmehrfachbehinderten Kind. Das war ein ganz, ganz wesentlicher Schritt.

Ich hatte vor dem Unfall eine nicht behinderte Identität als Mutter. Und jetzt habe ich eine behinderte Identität und die habe ich angenommen.«

Selbsthilfegruppen sind kein alleiniger Ersatz für Freundschaften, Bekanntenkreise oder eine gute Nachbarschaft. Aber manchmal tut es einfach gut, unter Menschen zu sein, die genau nachempfinden können, warum man mal wieder am Ende seiner Kraft ist, obwohl man nur dieses eine Kind hat. Menschen, die aus eigener Erfahrung wissen, wie es sich anfühlt, wenn sich zum Beispiel der Medizinische Dienst für einen Kontrolltermin angemeldet hat und man um die Kürzung des dringend benötigten Pflegegeldes bangt.

Man hört immer wieder von Eltern, dass sie keine Lust haben, sich in einer Selbsthilfegruppe gegenseitig zu bemitleiden, oder nicht das Bedürfnis verspüren, gemeinsam in einer Gruppe zu jammern. Die Erfahrungen, die ich in den vergangenen Jahren gemacht habe, lassen einen ganz anderen Schluss zu: Die Befürchtung, dass in einer Selbsthilfegruppe Spaß, Humor und Freude keinen Platz haben, ist ein Vorurteil.

》》 Als ich das erste Mal zu so einem Treffen gefahren bin, da war ich schon sehr gespannt. Und dann saßen die ganz normal in der Wirtschaft und haben über alles Mögliche geredet. Es war eine große Hilfe von Anfang an.«

Berechtigterweise sollte in diesem Zusammenhang erwähnt werden, dass nicht grundsätzlich jede Betroffenengruppe gleich gut organisiert und im Zusammenhalt gefestigt ist. Es gibt immer wieder Konstellationen, in denen es zu Konkurrenzgerangel um die ersten Plätze der schlimmsten Betroffenheit kommt. Welches Kind hat es am allerschlimmsten getroffen? Welche Mutter schläft am wenigsten und wer hatte das am stärksten traumatisierende Geburtserlebnis? Neben all den lebensbejahenden und positiv denkenden Vätern und Müttern gibt es natürlich auch die Eltern, die dazu neigen, ihr schlimmes Schicksal ständig zu thematisieren, und nicht gewillt sind, ihrer besonderen Lebenssituation etwas Positives abzugewinnen, oder dies vielleicht auch nicht können. Die Behinderung des Kindes liegt wie ein dunkler Schatten über diesen Familien. Der Umgang mit ihnen ist für alle anderen schwer zu ertragen. Die eigenen, oftmals mühsam erkämpften Positionen immer wieder infrage gestellt zu sehen, lässt einen diese Art des geselligen Zusammenseins anzweifeln. Auch wenn es schwer fällt, sind Ehrlichkeit und ein offensiver Umgang die besten Mittel: das Missfallen am ständigen Jammern anzusprechen und die eigenen Gefühle, die damit einhergehen, deutlich zu machen.

Besonders in Selbsthilfegruppen ist es wichtig, sich mit seinen Sorgen, Ängsten und Nöten aufgehoben, verstanden und behütet zu fühlen. Die Bedürftigkeit eines Einzelnen oder einer Familie darf jedoch nicht zu einer Belastung für andere Gruppenmitglieder ausarten. Ein wechselseitiges Geben und Nehmen sollte idealerweise Grundsatz und Leitidee einer Selbsthilfegruppe sein.

PROFESSIONELLE UNTERSTÜTZUNG

Manchmal genügt es nicht, sich einer Gruppe anzuschließen. Der Hilfebedarf kann so groß sein, dass professionelle Unterstützung notwendig wird. Eltern behinderter Kinder sind häufig nach jahrelangem Kampf mit ihren Kräften am Ende. Wer über Wochen oder Monate um das Überleben seines Kindes bangen muss, wer über lange Zeit eine kräfte- und nervenzehrende Versorgung und Pflege in den eigenen vier Wänden leistet oder wer die Unsicherheit und die ungewisse Zukunft nicht länger ertragen kann, der benötigt dringend professionelle Hilfe.

Es bedeutet einen großen und manchmal sehr schweren Schritt, sich diese Hilfe zu holen. Aber auch hier zeigt die Erfahrung, dass es sich lohnt, die eigene Bedürftigkeit ernst zu nehmen und sich diese Zeit und den nötigen Raum zu nehmen.

》》 Als Leo acht Jahre alt und ich zu einer Routine-Untersuchung bei meiner Hausärztin war, fragte diese, wie es mir denn so gehe, und da bin ich einfach zusammengebrochen. Das war der Moment, in dem klar wurde, dass ich jetzt etwas für mich tun muss, und wir die Kur beantragt haben.

Hilfe von außen anzunehmen, das ist etwas, dass wir beide immer wieder lernen müssen. Es ist die Herausforderung meines Lebens, zu akzeptieren, dass ich an diesem Punkt machen kann, so viel wie ich will, aber dass ich es nicht lösen kann. Bislang habe ich mich immer jeder Herausforderung gestellt und erreicht, was ich wollte. Aber das ist jetzt anders. Es wird erst leichter, wenn man lernt, zu akzeptieren, dass es ist, wie es ist. Je mehr man dran rumdoktert, umso schwieriger wird es. Und man verrennt sich immer mehr. Das ist wie eine große Lektion des Lebens.«

Eine Kur (keine Mutter-Kind-Kur!) kann eine Möglichkeit sein, sich an einem anderen Ort, fernab von der Familie und dem alltäglichen Geschehen, mit seiner speziellen Lebenssituation auseinanderzusetzen. In vielen Fällen wäre auch eine Familienkur für Eltern, Kind und Geschwister wünschenswert. Allerdings bewilligen die Krankenkassen nur in sehr wenigen Fällen eine Kur für die ganze Familie.

Es gibt viele verschiedene Möglichkeiten, Kraft zu tanken. Für den einen ist der Kuraufenthalt das Richtige, für die nächste der Gang zu einem Psychotherapeuten. Aber auch Sport oder regelmäßige Auszeiten, die man vielleicht mit einer Freundin verbringt, können Kraftquellen sein.

Für einige Familien ist die Kurzzeitpflege eine Möglichkeit, dringend notwendige Freiräume für sich, die Geschwister und das behinderte Kind zu schaffen – besonders wenn der alltägliche Pflegeaufwand sehr hoch ist und es wenige Möglichkeiten gibt, diese Aufgaben auf mehrere Schultern zu verteilen.

KINDER-HOSPIZ

Die Bezeichnung Kinder-Hospiz lässt einen sofort an Tod und Sterben denken, aber auch dies kann unter Umständen ein Ort sein, um Ruhe zu erfahren und neue Energie zu gewinnen.

» Das Kinder-Hospiz bedeutet für mich kleine Inseln im Alltag. Man kann dort wieder zu Kraft kommen. Die erste Nacht im Hospiz, die ich durchschlafen kann, da bin ich danach krank, einfach krank. Da merke ich erst, wie fertig ich bin. Aber dann kann ich es genießen, dass ich unserer Tochter abends im Bett in Ruhe ein Buch vorlesen kann und morgens dann auch nochmal. Und ich weiß, dass unser Sohn gut versorgt ist. Und wenn was ist, dann bin ich ja da.

Wenn man einmal im Hospiz war, dann möchte man wieder hin. Es macht keine Angst mehr.«

Ein Kinder-Hospiz ist nicht nur ein Ort für kranke Kinder, die dort einen behüteten Rahmen zum Sterben finden, sondern es bietet auch ganz besondere Rückzugs- und Erholungsräume für Familien, deren Kinder vielleicht noch viele Jahre vor sich haben, die sich aber mit dem Tod aufgrund einer lebenslimitierenden Diagnose und Prognose auseinandersetzen müssen.

» Wir würden Tom nie alleine im Hospiz abgeben. Manche Eltern machen das, aber wir nicht. Dieses Jahr wollen wir das erste Mal für eine Woche richtig in Urlaub fliegen. Tom geht dann für die Zeit ins Hospiz. Aber nicht allein, seine Großmutter geht dann mit. Es ist uns ganz wichtig, dass er eine Bezugsperson aus der Familie dabei hat. Und seine Oma ist für ihn ganz wichtig. Dann macht sie diesmal den Hospiz-Urlaub.«

HEIMUNTERBRINGUNG

Es gibt Situationen, in denen die genannten Möglichkeiten nicht mehr ausreichen. Das Spektrum der geistigen Behinderungen ist sehr groß. Was für den einen eine gut ins Familienleben integrierbare Besonderheit darstellt, kann unter anderen Umständen, in einer anderen Familienkonstellation mit großen, nicht zu bewältigenden Schwierigkeiten verbunden sein.

》 Nach beinahe zwei Jahren in der Reha waren die Möglichkeiten für Pascal ausgeschöpft. Zu dem Zeitpunkt war ich schon alleinerziehend und man sagte mir, dass ich mir gut überlegen sollte, ob ich es mir antun wolle, Pascal nach Hause zu holen. Er war schon ziemlich groß und schwer und ich mit meinen 50 kg ja eher zierlich. Und ich hatte damals auch noch eine halbe Stelle, die ich zwar erst einmal ruhen ließ, solange Pascal so krank war. Aber zu dem Zeitpunkt wollte ich eigentlich wieder anfangen zu arbeiten, was aber mit Pascal überhaupt nicht gegangen wäre. Außerdem hätte ich mich auch noch um seine täglichen Therapien kümmern müssen: Krankengymnastik, Ergotherapie, Logopädie ... und das alles alleine zu meistern ... und Schule ja auch noch. Eigentlich wollte ich meinen Sohn schon mit nach Hause nehmen, das war erst einmal überhaupt keine Frage für mich. Aber nachdem ich mit allen möglichen Leuten, den Ärzten und einer Sozialpädagogin geredet hatte, hat man mich ... ja, ich würde schon sagen: überredet, ihn in eine Einrichtung zu geben. Ich würde ihn dort ja auch immer besuchen können. Und nachdem ich dann darüber nachgedacht habe, dachte ich, dass es vielleicht auch Pascal gegenüber gerechter sei, ein geeignetes Heim zu suchen. Ich hatte Angst, dass ich meinen Sohn, bei all dem Stress und der Arbeit, vielleicht irgendwann ungerecht behandeln und dass ich zu ungeduldig sein würde.

Natürlich hatte ich von Anfang an auch zu Hause ein Pflegebett und wenn wir zusammen sein wollen, dann hole ich ihn für ein oder auch mehrere Tage. So haben wir es dann auch gemacht.《

Bis vor 30 oder 40 Jahren war eine Heimunterbringung im frühen Kindesalter normal und die familiäre Integration eines geistig behinderten Kindes die Ausnahme. Dieses Bild hat sich seit Beginn der 1980er Jahre stark verändert. Seitdem wurden viele große Heime für geistig behinderte Menschen aufgelöst und es entstanden kleinere Wohnformen, die besser auf die individuellen Bedürfnisse der Bewohnerinnen und Bewohner eingehen können.

Gerade bei jungen Eltern, die ein kleines Kind mit Behinderung haben, ruft die Erwähnung einer Heimunterbringung heutzutage oftmals

Ablehnung und heftige Reaktionen hervor. Dahinter stecken Assoziationen, die alte Bilder von »damals« in uns wachrufen, als behinderte Kinder allein aufgrund ihrer Behinderung abgeschoben wurden.

In Selbsthilfegruppen trifft man eher selten Eltern, deren Kind fremdbetreut wird. Noch immer scheint es für viele Familien schwierig zu sein, ihre zum Teil bereits erwachsenen Kinder loszulassen und sich frühzeitig nach geeigneten Lebens- und Wohnmöglichkeiten umzuschauen. Gerechterweise muss man an diesem Punkt hinzufügen, dass es in der Regel nicht einfach ist, einen geeigneten Platz zum Leben und Arbeiten für sein Kind zu finden, ganz zu schweigen davon, einen solchen Platz dann auch zu bekommen!

Die Gründe für eine stationäre Betreuung des eigenen Kindes können vielfältig sein. Die eine Familie stellt die andauernde körperliche Belastung vor die Entscheidung, ihr Kind in einer Einrichtung betreuen zu lassen. Für die nächste Familie sind es die emotionalen Anforderungen im Zusammenleben mit ihrem Kind und dessen schwere, behinderungsbedingte Verhaltensauffälligkeiten. Manchmal liegen scheinbar »banale«, aber dennoch unüberwindbare Beweggründe vor, zum Beispiel wenn keine geeignete Beschulung in Heimatnähe möglich und die nächste gute Schule mehrere 100 km entfernt ist.

Die wichtigsten Punkte im Entscheidungsprozess über eine mögliche Fremdbetreuung scheinen mir der richtige Zeitpunkt und die absolute Autonomie der Familie in der endgültigen Entscheidung zu sein. So lange nicht eine akute Kindesgefährdung vorliegt, kann die Einmischung von außen leicht eine Grenzüberschreitung sein. Dies bedeutet nicht, das Thema unter keinen Umständen zur Sprache bringen zu dürfen. Dennoch ist es ein höchst sensibler Bereich, dem man sich mit aller Vorsicht und viel Einfühlungsvermögen nähern sollte. Niemand lässt sich gerne in die Erziehung seiner Kinder hineinreden. Einer anderen Familie zur Fremdbetreuung eines Kindes zu raten, ist dabei noch ein ganz anderes Thema.

》》 Wir sind einfach noch nicht so weit, Leo in eine Einrichtung zu geben, auch wenn man uns immer wieder dazu rät. Unsere Zeit als

Kleinfamilie, wir und unser Kind, ist noch nicht vorbei. Bei allen Schwierigkeiten genießen wir doch das Zusammensein mit unserem Sohn. Jetzt ist jedenfalls noch nicht der richtige Zeitpunkt.«

Betroffenen Familien kann ich an diesem Punkt nur raten, auf ihre Intuition zu hören. Es gibt nicht den richtigen Zeitpunkt für eine solche Entscheidung. Manchmal findet sich der richtige Weg in der Auseinandersetzung mit den Möglichkeiten und Alternativen. Es kann helfen, sich Einrichtungen anzuschauen, mit anderen Familien in ähnlichen Situationen ins Gespräch zu kommen oder sich professionell beraten zu lassen. Die Teilnahme an einem Elternabend in einer geeigneten Einrichtung und eine Hospitation sind ebenfalls gute Möglichkeiten, sich dem Thema anzunähern.

》 Ich habe sehr lange nach einer geeigneten Einrichtung gesucht.«

An erster Stelle steht natürlich das Befinden des Kindes. Wenn wir als Eltern von einem Konzept und einer bestimmten Einrichtung überzeugt sind, ist das eine gute Voraussetzung. Letztendlich soll jedoch unser Kind dort wohnen und leben. Anfängliche Anpassungsschwierigkeiten sind noch kein Grund, alles hinzuschmeißen und sein Kind nach Hause zurückzuholen. Aber wenn man ein ungutes Gefühl hat, das Kind nach Wochenendbesuchen nicht wieder zurück in die Einrichtung möchte und seine gesamte Entwicklung rückläufig ist, sollte man nach anderen Lösungsmöglichkeiten suchen.

Wer sein Kind außerhalb der familiären Gemeinschaft betreuen lässt, bleibt auch weiterhin Vater oder Mutter. Diese Rolle kann und soll kein anderer Mensch in einer Einrichtung ersetzen. Die Rechte und Pflichten, die wir als Eltern erfahren und erfüllen, bleiben bestehen. Nach wie vor sind wir das Sprachrohr unserer Kinder.

Elternabende, Eltern-Stammtische und gemeinsame Unternehmungen gehören heute zu einer modernen, den elterlichen Wünschen offenstehenden Einrichtung ganz selbstverständlich dazu. Mitspracherecht,

Transparenz, Einbindung in wichtige, fortlaufende Entwicklungsprozesse und ein gutes Konfliktmanagement sollten selbstverständlich sein. Auch diese Punkte können als Gradmesser bei der Auswahl einer geeigneten Wohn- und Lebensform dienen.

FAMILIE UND BERUF

Die Rückkehr in den Job stellt für manch eine Mutter oder einen Vater weniger zusätzlichen Stress als eine willkommene Ablenkung vom Pflegealltag dar. Ein Job kann klar umrissene Zeiträume schaffen, in denen nicht die Familie, das behinderte Kind oder die Bedürfnisse der Geschwister im Vordergrund stehen. Das Zusammensein mit Kollegen und die Beschäftigung mit Inhalten, die nichts mit der besonderen Lebenslage zu tun haben, Mutter oder Vater eines behinderten Kindes zu sein, sind für viele betroffene Eltern ein dringend notwendiger Ausgleich zum Familienalltag.

» Mein Beruf war jetzt nichts Besonderes, ich habe keine große Karriere gemacht ... Aber das Zusammensein mit den Kolleginnen, das Herauskommen und mal was anderes machen als immer nur Kinder und Haushalt ... Und als dann die Diagnose kam, da dachte ich, jetzt bin ich so gut wie verkauft. Jetzt muss ich mich nur noch um dieses Kind kümmern. Und das war ja erst einmal auch zeitlich nicht absehbar. Man konnte nur hoffen, dass er möglichst fit wird. Aber nichts war klar.«

Auch wenn gerade zu Beginn der neuen Lebenssituation eine Rückkehr in den Beruf als unlösbares Vorhaben erscheint, spricht die große Anzahl arbeitender Väter und Mütter für die Vereinbarkeit von Familie und Beruf – und dies trotz der erschwerten Ausgangssituation mit einem behinderten Kind. Viele Fragen, die einem zu Beginn der Planung als unlösbar erscheinen, beantworten sich im Laufe der Zeit.

Bei einem Neustart ins Berufsleben wäre es natürlich schön und wünschenswert, wenn der Zeitpunkt von allen Beteiligten als der richtige empfunden wird. Dies ist leider nicht immer frei wählbar. Familien mit einem behinderten Kind müssen noch mehr als andere Eltern ein Übermaß an Organisationstalent entwickeln – insbesondere wenn man ein Leben anstrebt, das nicht nur in den eigenen vier Wänden stattfindet. Sei es der Kontakt zu Freunden oder die Rückkehr in den Beruf, man sollte auf alle Eventualitäten gut vorbereitet sein und immer einen Plan B in der Hinterhand haben. Nicht nur man selbst oder das Kind können zum Beispiel plötzlich erkranken, auch die persönliche Betreuung muss spontan ersetzbar sein.

Und auch dies sollte man sich im Vorfeld sagen: Wenn, aus welchen Gründen auch immer, eine gute und vertrauenswürdige Betreuung nicht gesichert ist, dann geht das Kind vor – ohne schlechtes Gewissen! Und dies gilt natürlich für alle Kinder, unabhängig von einer Behinderung.

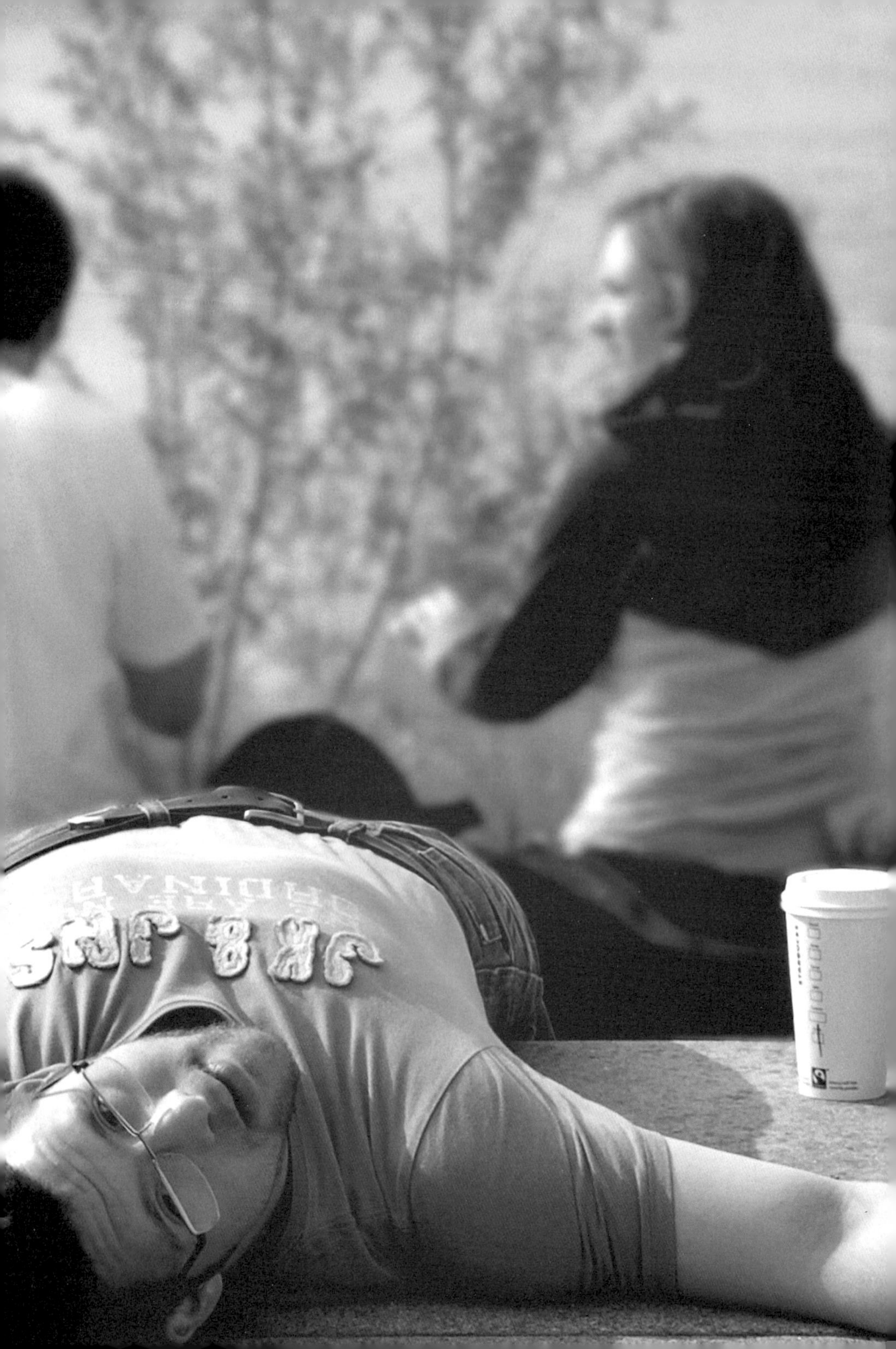

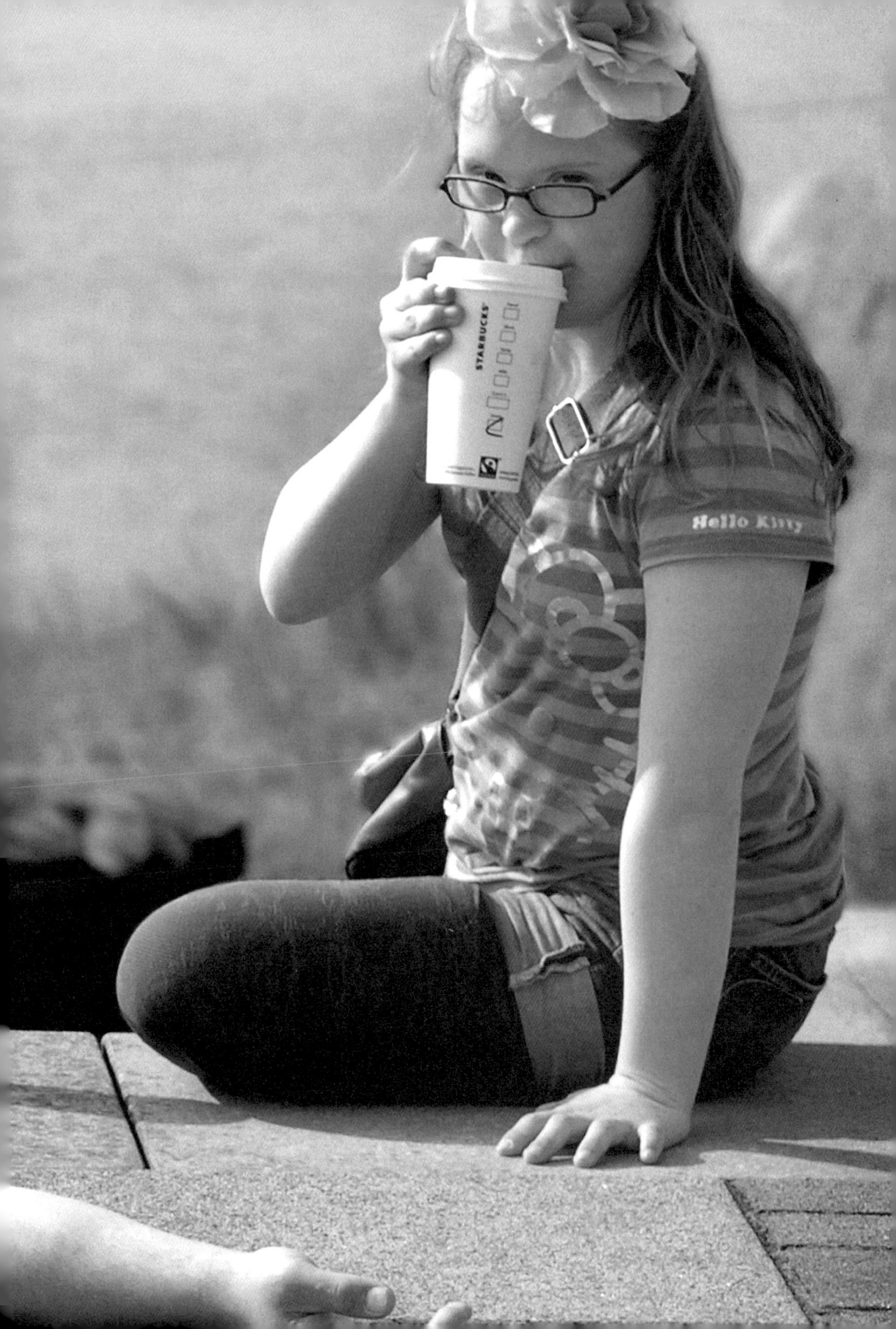
STARBUCKS
Hello Kitty

»IHRE BESTE FREUNDIN IST FÜR SIE SUPERWICHTIG«: DIE ZEIT NACH DEM KLEINKINDALTER

Eines Tages stellen wir fest, dass unsere Kinder nicht mehr klein sind. Im Alltag werden wir mit neuen Themen und Herausforderungen konfrontiert. Nach dem Start von Kindergarten und Schule beginnt irgendwann die Pubertät. Für alle Menschen ist dies eine besondere, schwierige und doch auch schöne und spannende Zeit, die nicht nur die Teenager, sondern auch uns Eltern stark fordert. Spätestens jetzt wird uns bewusst, dass eines Tages der Zeitpunkt kommen wird, an dem auch unsere besonderen Kinder flügge werden. Sie werden zunehmend Kontakte außerhalb der Familie suchen und uns über kurz oder lang die Erlaubnis abverlangen, ihr Leben selbst gestalten und leben zu dürfen.

Je selbstständiger unsere Kinder in ihrer individuellen Entwicklung sind, je besser sie ihre Wünsche und Sehnsüchte ausdrücken können, umso einfacher ist es für uns Eltern, Vorbereitungen zu treffen, um den Sohn, die Tochter eines Tages ziehen zu lassen. Dennoch steht auch den Kindern, denen die Möglichkeit einer konkreten Willensäußerung verwehrt bleibt, das Recht auf ein eigenes Leben zu. Ebenso steht es uns als Mutter und Vater zu, eines Tages die Verantwortung für unser erwachsenes Kind nach und nach abzugeben, um unser Leben als Elternteil eines erwachsenen Kindes neu zu gestalten. Dazu brauchen wir Menschen, Einrichtungen und Alternativen, denen wir mit gutem Gewissen unser Kind anvertrauen können. Ein großes Thema, das mit Sicherheit ein eigenes Buch füllen würde.

Wie können wir uns auf diese Zeit vorbereiten? Gibt es Möglichkeiten, einen guten Start in diese neue Lebensphase frühzeitig durch unser Verhalten zu begünstigen? Man spricht so anschaulich davon, die Nabelschnur zwischen Mutter/Vater und Kind zu durchtrennen. Diese Trennung geschieht jedoch nicht in einem einzigen großen Schritt, sondern es sind viele kleine Schritte, die eines Tages zum Auszug unseres Kindes in ein eigenes Leben führen.

Wir können uns insofern darauf vorbereiten, als dass wir unserem Kind von klein auf eigene Räume schaffen und es darin unterstützen, diese Räume für sich zu nutzen. Das beginnt im Babyalter mit dem ersten Babysitter, dem man sein Kind anvertraut. Vielleicht folgt der Spielkreis, in dem wir unser Kind für einige Stunden alleine lassen, dann der Kindergarten. All dies sind kleine Schritte des Abnabelns. Und so gut wie jedes Elternteil erinnert sich an diese Momente, in denen man ein schreiendes Kleinkind in der Obhut der Erzieherin lässt, obwohl es einem schier das Herz zerreißt und man sein Kind am liebsten wieder mitnehmen möchte.

Kommt das Kind in die Schule, so stellt sich die Frage: »Dalassen oder wieder mitnehmen?« nicht mehr: Das Kind muss in die Schule gehen und wir gewöhnen uns schnell an die Zeiten, die es nun im Unterricht verbringt.

FREUNDSCHAFTEN

In diesem Alter zeigt sich bei vielen Kindern das Interesse an Gleichaltrigen und der Wunsch, freie Zeit miteinander zu verbringen. Viele Kinder lieben es, sich zu verabreden. Dies ist natürlich abhängig von der individuellen Ausprägung der Behinderung. Im Vergleich mit nicht behinderten Kindern sind Kinder mit einer geistigen Behinderung darauf angewiesen, dass wir sie auch im Kontakt mit Gleichaltrigen unterstützen. Ein behindertes Kind kommt eventuell erst gar nicht auf den Gedanken und die Möglichkeit, sich mit einem Klassenkameraden zu verabreden.

> In der Schule hat sie schon Freundinnen. Aber am Wochenende oder in der Freizeit ist es schwierig. Da hat sie eigentlich niemanden.«

Die ersten gemeinsamen Treffen mit einem Schulkameraden oder einer Freundin werden in der Regel von uns Eltern initiiert und begleitet. Für jedes Kind, besonders aber für Kinder mit einer geistigen Behinderung, ist die Möglichkeit, eine Freundschaft zu führen, eine wichtige und fördernde Erfahrung. Auch wenn zu Beginn die Anbahnung umständlich und zeitraubend erscheint, so ist sie eine gute Investition in die Zukunft.

Mir ist bewusst, dass dies nicht für alle Kinder mit einer geistigen Behinderung gleichermaßen gilt. Für diejenigen unter uns, deren Kind in der Lage ist, diese Art von Freundschaft zu führen, lohnt sich auf alle Fälle der Aufwand, den das für uns Eltern bedeutet. Das Zusammensein mit Gleichaltrigen, die nicht zwangsläufig schneller, besser und klüger sind als sie selbst, schafft kleine Inseln im Alltag, in denen unsere Kinder einmal nicht unter Erfolgsdruck stehen. Hier können sie in ihrem eigenen Tempo spielen, reden und kommunizieren und einfach so sein, wie sie sind.

» Zu Anfang hat sich unsere Tochter mit allen Kindern aus ihrer Klasse verabredet und fand alles immer toll. Mit der Zeit entstand dann eine sehr enge Freundschaft zu Lina, die ebenso wie sie selbst ein Down-Syndrom hat. Und seit zwei, drei Jahren verabredet sie sich nur noch mit dieser Freundin und einem anderen Klassenkameraden, der auch die gleiche Behinderung hat. Man merkt einfach, dass sie sich in der Entwicklung und in ihren Bedürfnissen sehr ähnlich sind. Ihre beste Freundin ist für Antonia superwichtig und gehört inzwischen zu unserer Familie dazu.«

Zu einer Freundschaft gehören Übernachtungen und regelmäßige Treffen, Verbindlichkeit und Kontinuität. Kann unser Kind aufgrund der Schwere seiner Behinderung diese Form der Freundschaft nicht führen, ist es an uns Eltern, nach Alternativen zu schauen. Eine Möglichkeit sind Freizeitaktivitäten, die verschiedene Träger für Kinder, Jugendliche und Erwachsene mit einer geistigen Behinderung anbieten.

TEIL EINER GEMEINSCHAFT WERDEN

» Unsere Tochter war dieses Jahr zum zweiten Mal mit einer Gruppe Behinderter und Betreuern segeln. Sie kann nicht sprechen, sie kann nur kurze Strecken laufen, und das Laufen fällt ihr sehr schwer. Aber diese Tage mit der Gruppe auf dem Schiff, das liebt sie!«

Hier haben sowohl die Kinder als auch wir Eltern die Möglichkeit, sich an Zeiten ohne den jeweils anderen zu gewöhnen.

Auch Klassenreisen sind eine wichtige und schöne Gelegenheit, sich ein Stück weit von der Familie zu distanzieren. Es ist immer wieder und bei allen Kindern gleichermaßen interessant, welche Verhaltensweisen und Rollen sie in einem anderen Umfeld als dem familiären übernehmen.

In der Klasse meiner Tochter, die seit dem fünften Schuljahr jährlich eine Klassenreise unternimmt, ist ein Schüler mit einem sehr hohen Betreuungsbedarf. Alle Kinder haben ihre Eigenheiten und ihr individuelles Tempo. Innerhalb der Klassengemeinschaft gibt es jedoch ein großes Zusammengehörigkeitsgefühl. Dieser Schüler, der nahezu ständig Beaufsichtigung und Begleitung benötigt, muss von einem Elternteil begleitet werden, da er vor allem nachts auf die ungewohnte Umgebung mit starker Unruhe reagiert. Am Tage fühlen sich jedoch alle Klassenkameraden sehr für ihren Mitschüler verantwortlich und übernehmen mit einer großen Ernsthaftigkeit und Verlässlichkeit einen beachtlichen Anteil der Beaufsichtigung. Das Schöne an dieser Situation ist zum einen der Klassenzusammenhalt. Auf der anderen Seite profitieren alle Kinder von dieser Gemeinschaft. Für den einen bietet sie die Verlässlichkeit einer ganzen Gruppe, was eine Teilhabe erst möglich macht, für die anderen stärkt sie das Selbstvertrauen und das Erproben einer eigenen Verantwortlichkeit. Soziale Kompetenz voneinander und miteinander zu lernen, ist hier im Rahmen einer Klassenreise möglich geworden.

Eine weitere Gelegenheit, soziale Kontakte zu knüpfen und regelmäßig zu pflegen, bietet eine Teilnahme an lokal üblichen Freizeitaktivitäten. Das können das Kinderturnen, die Musikschule oder auch die Beteiligung an Aktivitäten der Gemeinde sein. Hierfür ist in den meisten Fällen eine Begleitung und Assistenz notwendig. Findet man jemanden, der für eine längere Zeit und verlässlich diese Betreuung übernimmt, so besteht die Chance für unser Kind, ein Teil einer Gemeinschaft zu werden. Die Zugehörigkeit zu einer bestimmten Gruppe ist für jeden Heranwachsenden eine wichtige und prägende Erfahrung. Dabei ist es nicht wichtig, ob es sich um eine Integrationsgruppe oder um eine Gruppe ausschließlich behinderter Menschen handelt. Es zählt das Zusammensein, das Mitgestalten und das Mitmachen.

》 Unsere Tochter besucht gemeinsam mit ihrer Betreuerin schon seit vier Jahren eine Tanzgruppe hier im Ort. Bislang ist sie das erste und einzige Kind mit einer geistigen Behinderung in dieser Gruppe, aber es gefällt ihr dort sehr gut. Sie hat zwar sonst keinen Kontakt zu den anderen Mädchen, aber sie genießt diese Stunden sehr. Und sie liebt es, auf der Straße von den anderen erkannt und begrüßt zu werden.«

All diese Aktivitäten sind natürlich mit Kosten verbunden. Es gibt verschiedene Möglichkeiten, Zuschüsse hierfür zu beantragen. Es ist ratsam, dies nicht im Alleingang zu tun, sondern sich Unterstützung bei erfahrenen Selbsthilfegruppen oder Vereinen zu suchen, zum Beispiel bei einer Niederlassung der Lebenshilfe e.V.

DIE ANERKENNUNG DER KINDLICHEN SEXUALITÄT

Ein Punkt, den ich im Zusammenhang mit der Abnabelung nur kurz thematisieren möchte, den ich aber als überaus wichtig empfinde, ist die Sexualität unserer Kinder. Sexualität als solches ist, entgegen der landläufigen Meinung, nicht dem jugendlichen oder erwachsenen Menschen vorbehalten. Jedes menschliche Wesen ist auch ein sexuelles Wesen. Bereits im frühesten Kindesalter gehören sexuelle Empfindungen zum Gefühlsleben eines jeden Menschen. Dabei ist es wichtig, zwischen dem »erwachsenen« Bild der Sexualität und der kindlichen sexuellen Gefühlsebene zu unterscheiden, wobei ersteres nicht mit letzterer zu vergleichen ist.

Kinder mit einer geistigen Behinderung durchlaufen die verschiedenen Entwicklungsphasen langsamer als andere Kinder. Das Interesse am anderen Geschlecht, das im Regelfall im Alter zwischen drei und fünf Jahren zum ersten Mal auftritt, erwacht bei unseren Kindern unter Umständen erst später. Die Tatsache, dass es vorhanden ist, ist auf jeden Fall ernst zu nehmen.

Aufgrund der unterschiedlichen Ausprägungen der Behinderungsbilder unserer Kinder ist es dennoch schwer, ein allgemeingültiges Bild zu entwerfen.

Schwerstmehrfachbehinderte Kinder, die nicht in der Lage sind, sich verbal zu äußern, und deren Kommunikation stark auf basalen Eindrücken beruht, haben selbstverständlich andere Bedürfnisse als ein Kind mit einer leichten geistigen Behinderung. Das Wohlempfinden zum Beispiel beim Windelwechseln, das ein männlicher Teenager mit einer Erektion zum Ausdruck bringt, kann den pflegenden Vater oder die Mutter stark verunsichern. Es erscheint als eine unangemessene, sexuelle Reaktion, die vielleicht verstört oder sogar als abstoßend empfunden wird. Es gibt im Leben eines jeden Kindes Bereiche, an denen man als Elternteil nicht unbedingt teilhaben möchte. Im eben geschilderten Beispiel könnte jedoch die körperliche Reaktion bei der Pflegehandlung aufgrund der zeitlich verschobenen psychosexuellen Entwicklung durchaus vergleichbar mit der Wirkung sein, die frische Luft auf einen nackten Babypopo hat. Ich kann mich noch sehr gut an mein Staunen erinnern, als mein Sohn im zarten Säuglingsalter mit einer Erektion reagierte, wenn man ihn nackt auf dem angewärmten Wickeltisch strampeln ließ.

Sexuelle Empfindungen und Reaktionen können also sehr vielfältig sein. Und oftmals haben sie keinen Zusammenhang mit unserem erwachsenen Bild von Sexualität. Sie können Ausdruck von körperlichem oder seelischem Wohlbefinden sein und müssen keineswegs einen zwischenmenschlichen Bezug im Sinne von Sexualität in einer Partnerschaft haben.

Für unsere Kinder ist es außerordentlich wichtig, dass wir als Eltern ihren jeweiligen sexuellen Entwicklungsstand erkennen und sie begleiten. Kinder mit einer geistigen Behinderung sind als Opfer sexuellen Missbrauchs geradezu prädestiniert. Besonders anfällig für Übergriffe sind

Kinder – Jungen ebenso wie Mädchen –, wenn sie ahnungslos sind. Je früher man mit Sexualerziehung beginnt, umso selbstverständlicher lernen unsere Kinder einen gesunden Umgang mit sich und ihrem Körper. Es gibt viel Literatur, vom reinen Bilderbuch bis hin zum detaillierten Vorlesexemplar, sowie spezielle Aufklärungslektüre für Eltern mit einem geistig behinderten Kind.

Während sich nicht behinderte Kinder Informationen zur Not auch ohne elterliche Hilfe suchen (Internet, Zeitschriften, Gespräche mit Freundinnen und Freunden), sind Kinder mit einer geistigen Behinderung auf konkrete, bildhafte Aufklärung angewiesen. Auch wenn dies für uns Eltern mal wieder eine große Herausforderung darstellt.

》》 Eines Tages sagte meine Tochter nach einer Verabredung mit ihrem Freund zu mir, dass sie jetzt etwas vergessen hätten, was sie doch unbedingt noch machen wollten. Auf meine Nachfrage erzählte sie mir mit großer Ernsthaftigkeit, dass Lennart sie doch noch ficken wollte ... Ich musste mich sehr zusammennehmen, um nicht empört, wertend und ärgerlich zu reagieren. Also fragte ich sie, ob sie denn überhaupt wisse, was das denn bedeute, dieses F-Wort? Es sei überhaupt nichts Schlimmes, ich bräuchte mir keine Sorgen zu machen. Das bedeute einfach nur, Penis in Scheide zu stecken! Und sie würden auch nur so spielen als ob. Für sie war damit das Thema erledigt. Ich nahm es zum Anlass, noch einmal mit ihr zu besprechen, dass man nur Dinge miteinander machen darf, die beide wollen und für beide schön sind. So empört ich am Anfang auch war, ich bin auch stolz darauf, dass sie zum einen gut Bescheid weiß und zum anderen genau weiß, was sie möchte. Und dass sie so viel Vertrauen zu mir hat, es zu erzählen, und nichts Schlimmes oder Verbotenes daran findet.«

Die Sexualität unserer Kinder ist ein sensibles, nicht immer einfaches, aber sehr wichtiges Thema.

Es gibt neben sehr guter Literatur auch Anlaufstellen, an die man sich direkt wenden kann. Eine Bremer Selbsthilfegruppe hat in Eigenregie einen Bildungsurlaub für die ganze Familie zu diesem Thema konzipiert und bereits zweimal durchgeführt. Auch dies ist eine Möglichkeit, sich mit der Sexualität unserer Kinder auseinanderzusetzen.

Wie in jedem Bereich unseres Lebens ist auch beim Thema Sexualität Ehrlichkeit und Offenheit der beste Weg. Wir müssen uns frei machen von unserem Bild, das wir mit körperlicher Liebe in Verbindung bringen, und dürfen es nicht für alle Menschen für selbstverständlich halten. Diese Form des Zusammenseins, des Austauschs von Zärtlichkeiten muss nicht zwingend für unsere Kinder passend sein. Vielleicht findet unsere Tochter eines Tages ihr Glück im Zusammensein mit einer Freundin. Vielleicht teilen sie sich ein Doppelbett und tauschen Zärtlichkeiten aus. Auch dies kann das menschliche Bedürfnis nach Liebe und Zweisamkeit befriedigen. Es muss nicht ausschließlich der sexuelle Akt zwischen Mann und Frau sein.

Das Glück unserer Kinder liegt in unserer Anerkennung und Akzeptanz ihres Andersseins. Kinder mit einer geistigen Behinderung sind häufig noch im Erwachsenenalter von ihren Eltern abhängig. Einmischung, das Aufdrücken und Durchsetzen unserer Moral und Werte kann für manch ein erwachsenes Kind das Ende seines Liebesglücks bedeuten. Wir sollten uns stets daran erinnern, dass wir unsere Kinder ein Stück ihres Lebens begleiten dürfen. Eines Tages müssen auch wir, Behinderung hin oder her, unser Kind ziehen lassen. Das Wichtigste, für das wir sorgen können, ist die Gewissheit, dass es Liebe im Leben unseres Kindes gibt. Und diese Liebe kann so bunt sein, wie es die Vielfalt des Lebens mit der Existenz unserer Kinder bereits bewiesen hat.

VIER FALLEN, DIE EINEM DAS LEBEN ERSCHWEREN

Im gemeinsamen Leben und in der Versorgung eines behinderten Kindes gibt mindestens vier Fallen, die einem das Leben zusätzlich und unnötig erschweren: Dankbarkeit, Verantwortung, Schuld und Gewissen. Es mag zunächst unpassend erscheinen, diese Begriffe in diesem Zusammenhang zu nennen. Dennoch können diese vier Seelenzustände für viel Leid verantwortlich sein.

DANKBARKEIT

Im täglichen Miteinander mit Familienangehörigen, Freunden, Nachbarn, oftmals wechselnden professionellen Helfern und Begleitern oder sogar wildfremden Personen wachsen wir als betroffenes Elternteil meist schnell in eine Rolle, jeden und jedes Verhalten mit Argusaugen zu beobachten. Wir registrieren sofort vermeintlich mitleidige, neugierige oder auch abschätzende Blicke, die unserem Kind, unserer Familie zuteilwerden.

» Manche Leute schauen einen so an. Sie schauen erst dich an: nette, hübsche, junge Frau, dann schauen sie in den Kinderwagen, dann schauen sie dich wieder an und ihr Gesichtsausdruck spricht Bände. Eigentlich müsste man hingehen und sagen: ›Stimmt, du hast gerade mein Kind gesehen und es hat eine Behinderung. Das ist zwar manchmal etwas anstrengend, es lässt sich aber gut damit leben.‹«

Dazu erfahren auch heute, in unserer aufgeklärten Zeit, noch immer viele Familien Ausgrenzung. Und dies selbst in dem an sich geschützten Rahmen der Aufgeklärten und Eingeweihten.

» Irgendwann rief die Erzieherin von der Nachmittagsbetreuung an. Ich stand gerade unter der Dusche, es war morgens und ich musste zur Arbeit, und sie sagte, dass es ihr sehr leid täte, aber unser Sohn könne leider nicht in die Betreuung kommen, da jemand krank geworden sei und er einfach nicht tragbar sei. Ich sollte doch bitte schon mal den Fahrdienst informieren.

Das tut einfach weh, wenn man mal wieder so darauf gestoßen wird. Es wieder einmal so deutlich gesagt bekommt, das ist wie ein Schlag in den Magen. Ich bin in die Firma gefahren und dort bin ich dann zusammengebrochen, habe mich erst einmal bei meinen Kollegen ausgeheult. Und die wissen dann schon, dass es nicht immer leicht für uns ist.«

Wer Situationen wie diese erlebt, weiß um die Dankbarkeit, die man empfindet, wenn das eigene Kind akzeptiert und in seiner Andersartigkeit respektiert wird. Wir fühlen Dankbarkeit, wenn man uns und unserem Kind freundlich begegnet, wenn ein Arzt zugewandt und interessiert auf uns reagiert und eine Erzieherin unserem Spross mit Selbstverständnis begegnet, obwohl dieses Verhalten doch normal sein sollte. In Situationen, die andere Eltern mit Stolz erfüllt – wenn das eigene Kind ein Lächeln und Interesse hervorruft –, sind Eltern mit einem behinderten Kind oftmals dankbar.

VERANTWORTUNG

Möchte man nicht ständig dankbar sein müssen, so gerät man leicht in Versuchung, die Verantwortung zu übernehmen und das Dasein seines Kindes zu erklären und zu rechtfertigen.

》 Es gab zwei Kategorien von Freunden. Einmal gab es die Freunde, die gesagt haben: ›Mann, das ist aber auch traurig, aber bessere Eltern, als ihr es seid, hätte euer Sohn gar nicht bekommen können.‹ Und dann gab es Freunde, die gesagt haben: ›Wie schafft ihr das bloß? Also, ich könnte das ja nicht!‹ Ich hatte dann immer das Gefühl: Was soll das denn jetzt? Jetzt muss ich die auch noch aufbauen! Ich hab dann immer gesagt: ›So schlimm ist es doch gar nicht! Es ist zwar anstrengend, aber er entwickelt sich ja, und ich kann ihn stillen ...‹ Aber das ist doch verkehrt! Eigentlich hätten die doch sagen müssen: ›Ist doch toll, dass du das mit dem Stillen hinkriegst, und wie süß der aussieht!‹ So was habe ich aufgesogen ... Ich hatte das Gefühl, ich muss sie jetzt überzeugen, dass unser Sohn richtig ist, dass er ein Kind ist, das wir lieben, und dass er hier seinen Platz hat.«

Es ist wichtig, sich und sein Verhalten in solchen Situationen zu reflektieren. So wie uns niemand gefragt hat, ob wir gerne ein behindertes Kind möchten, so wenig brauchen wir die Verantwortung für unsere Lebenslage zu erklären. Das hört sich in der Theorie leicht an, in der Realität ist es schwer. Man muss lernen, den Kampf aufzunehmen und es nicht als gegeben hinzunehmen, dass einige Menschen im Umfeld Probleme damit haben. Banal, aber passend ist, sich zu sagen: Nein, diesen Schuh ziehe ich mir nicht an.

» Als unser Sohn klein war und der MDK kam, das war unsäglich ... Die Frau vom MDK war selbst Mutter von vier Kindern, und mein Kleiner war ca. ein Jahr alt, total süß, total gut drauf und an allem interessiert. Mein Kind saß vor mir, und diese Frau fragte dieses und jenes und sagte dann zu mir: ›Frau P., Sie waren ja bei der Geburt Ihres Sohnes auch schon älter, also das hätten Sie dann ja auch verhindern können.‹ Ich habe erst gedacht, ich höre nicht richtig. Ich habe nach dem Gespräch bei der Krankenkasse angerufen und mich mit dem Chef verbinden lassen. Dem habe ich dann gesagt, dass mir gerade mit einer seiner Mitarbeiterinnen etwas Unsägliches passiert sei und dass so was in Zukunft keiner anderen Mutter eines behinderten Kindes mehr passieren darf.«

SCHULD

Nicht jede Mutter oder jeder Vater schafft es, die Kraft aufzubringen, sich in so einer Situation zu wehren. Man muss bedenken, dass man schon im Alltag mit einem behinderten Kind oftmals die gesamte Energie aufbraucht, die zur Verfügung steht. So erscheint es dann leichter, seine Wut herunterzuschlucken und zu versuchen, diskriminierende oder anschuldigende Äußerungen zu ignorieren.

Besonders belastend ist es, wenn man dazu neigt, die eigene Lebenssituation und sein »Schicksal« damit zu erklären, dass es Gründe dafür geben muss, dass man so bestraft wurde, und wenn man die Existenz des behinderten Kindes durch ein eigenes Fehlverhalten zu erklären versucht.

» Ich habe für das Kind keine negativen Gefühle gehabt, aber der Gedanke war da, dass man vor eine sehr große Aufgabe gestellt worden ist. Und der Druck und das Gefühl, bestraft worden zu sein, weil ich dieses Kind am Anfang ja gar nicht wollte. Der Gedanke, so, jetzt hast du den Dämpfer dafür bekommen, dass du am Anfang so gedacht hast.«

In der Regel gibt es keinen Schuldigen, wenn ein Kind mit einer geistigen Behinderung geboren wird. Niemand möchte, dass diese Situation eintritt, dennoch gehört sie zu unserem Leben dazu. Nicht alles ist vorhersehbar. Und wenn nicht wirklich ein absolut nachvollziehbarer und logischer Grund vorliegt, nützt die Frage nach einem Schuldigen niemandem.

» Tim entsprach nicht meiner Idealvorstellung eines Kindes. Ich habe es so natürlich nie zugegeben oder gesagt, aber gedacht habe ich es schon. Und ich habe mir immer die Schuld gegeben. Habe es auf den Kaiserschnitt geschoben und auf die mangelnde Bindung. Die Bindung, die wir nicht haben aufbauen können.«

Die Kraft, die es kostet, sich schuldig zu fühlen, kann und sollte man besser in den Kampf für sein Kind investieren. Denn dort wird sie dringend gebraucht.

» Es ist ganz wichtig, zu lernen, dass man nicht dafür verantwortlich ist, dass das eigene Kind so ist, wie es ist. Ich habe mich immer ganz schlecht gefühlt, wenn Leo wieder einmal etwas gemacht hat, was nicht in Ordnung war, und die Erzieherin oder Lehrerin zu mir kam, um es mir zu berichten. Dann habe ich mich sofort schuldig gefühlt und gedacht, jetzt muss ich mich wieder erklären.«

GEWISSEN

Ebenso verhält es sich mit unserem Gewissen. Es gibt tatsächlich immer wieder Menschen, die meinen, dass Eltern mit einem behinderten Kind der Allgemeinheit Unmögliches zumuten, und die unsere Kinder lediglich als einen Kostenfaktor betrachten.

» Eine Nachbarin sagte mal zu mir, nachdem wir die Diagnose hatten, dass wir jetzt ja auch megaviel Pflegegeld beantragen und uns ein Haus kaufen könnten …«

Insbesondere wenn wir um das Recht unserer Kinder kämpfen müssen, machen wir die Erfahrung, dass uns allzu oft Steine in den Weg gelegt werden. Es gibt schreiende Ungerechtigkeiten, die sehr viel Kraft beanspruchen, wenn man sich zu wehren versucht. Und das, was man dann am allerwenigsten gebrauchen kann, ist ein schlechtes Gewissen.

» Mich hat es immer überrascht, wie betroffen unsere Geschichte macht. Aber wenn es darum geht, konkrete Hilfe zu gewähren, wird ganz schnell eine Grenze gezogen und aufgeschoben, aufgeschoben … bis man entweder keine Kraft mehr hat, weiterzukämpfen, oder den Rechtsweg einschlägt. Man wird in eine Position gebracht, in der man überhaupt nicht sein möchte.
Mir ist schon bewusst, wie kostenintensiv ein behindertes Kind ist. Wir sind eine extrem kostenintensive Minderheit, aber auch wir haben

unsere Berechtigung. Die Leute sehen oft nur das viele Geld, das unsere Kinder kosten. Aber wir haben uns diese Situation auch nicht ausgesucht. Ich hätte auch lieber ein nicht behindertes Kind.«

Dabei sollten keine Mutter und kein Vater ein schlechtes Gewissen haben müssen, die Dinge durchzusetzen, die Ihnen nicht nur von Rechts wegen zustehen. Es ist die moralische Verantwortung unserer Gesellschaft, benachteiligte Menschen und Gruppen zu stützen. Es gibt Situationen, in denen es sich lohnt, Wege und Mittel zu suchen, um Schieflagen auch in geltenden Gesetzen anzugehen.

Diese vier Fallen, die sich häufig im Leben mit einem geistig behinderten Kind stellen, müssen natürlich nicht in jeder Familie gleichermaßen auftreten. Jedes Elternteil und jedes Paar entwickelt einen eigenen Umgang mit seiner besonderen Lebenssituation.

Es lohnt sich, negative Empfindungen zu hinterfragen: Warum fühle ich mich in dieser oder jenen Situation so schuldig, verantwortlich oder dankbar? Haben diese Emotionen einen direkten Zusammenhang mit meinem Kind, oder geht es um das Bild, das andere von mir und meiner Familie haben? Und wie wichtig ist mir dieses äußere Bild überhaupt?

»ALLES SOLL IMMER PERFEKTER, SCHNELLER, BESSER UND SCHÖNER WERDEN«: DIE ROLLE DER PRÄNATALDIAGNOSTIK

Man könnte meinen, dass das Thema der Pränataldiagnostik hier fehl am Platze ist. Wer zu diesem Buch greift, wird entweder bereits ein eigenes, geistig behindertes Kind haben, sich mit der Situation in der Familie oder im Freundeskreis auseinandersetzen müssen oder vielleicht beruflich mit geistig behinderten Kindern arbeiten.

Dennoch ist die Pränataldiagnostik auch nach der Geburt bzw. Diagnose einer geistigen Behinderung des eigenen Kindes oftmals ein bedeutendes Thema in der weiteren Familienplanung. So gibt es Familien, die zum Beispiel aufgrund ihres jugendlichen Alters bei der ersten Schwangerschaft nicht im Traum daran gedacht haben, dass ausgerechnet sie Eltern eines behinderten Kindes werden würden. Stellt sich nach einer gewissen Zeit wieder ein Kinderwunsch ein, so kommt nicht selten die Frage auf, ob man bei der nächsten Schwangerschaft die Pränataldiagnostik zu Rate ziehen soll.

Außerdem ist die Pränataldiagnostik eins der vielen Mittel, die wir heutzutage einsetzen, um unser Leben so risikofrei und leidensarm wie möglich zu gestalten. Aber das Leben ist Risiko. Jeden Tag unseres Lebens setzen wir uns den verschiedensten Risiken aus. Auch Schwangerschaft und Geburt sind nicht frei davon, und erst recht nicht der Alltag mit einem Kind. Ein Problem ist unsere Erwartungshaltung und das, was uns die Gesellschaft hierzu vermittelt. Die Möglichkeiten der Pränataldiagnostik werden als ein Weg betrachtet, Ängste beseitigen zu können.

Was aber bedeutet es vor allem für die werdenden Mütter, sich in die vermeintliche Sicherheit der Pränataldiagnostik zu begeben?

Die Frage nach einer gut verlaufenden Schwangerschaft, die natürlich mit der Geburt eines gesunden, nicht behinderten Kindes ihren Höhepunkt erreicht, ist längst nicht mehr Privatsache. Welche werdenden Eltern kennen nicht die distanzlosen Fragen, die einem sogar völlig fremde Menschen stellen, sobald ersichtlich ist, dass man schwanger ist? »Ach, und was wird es?« Ältere Mütter werden ohne Rücksicht auf den Schutz ihrer Intimsphäre gefragt, ob sie denn »irgendwelche Untersuchungen«, sprich Pränataldiagnostik, haben durchführen lassen. Es gehört sehr viel Selbstbewusstsein und Mut dazu, sich gegen solche Fragen zu wehren oder deutlich zu machen, dass das keine Gesprächsthemen sind, die man gerne in der Schlange an der Wursttheke erörtert.

Heute scheint es nicht mehr normal zu sein, der Natur ihren Lauf zu lassen und das Kind, das am Ende der Schwangerschaft das Licht der Welt erblickt, so anzunehmen, wie es ist. Man soll gefälligst bereits im Vorfeld Sorge dafür tragen, behindertes Leben zu vermeiden. Eltern, die offensiv mit dem Thema umgehen und deutlich sagen, dass sie ihr Kind ohne pränataldiagnostische Untersuchungen so annehmen werden, wie es geboren wird, werden im Höchstfall als »mutig« bezeichnet, wobei oftmals der Unterton mitschwingt, verantwortungslos zu handeln. Dies gilt insbesondere für Familien, die bereits ein behindertes Kind haben und sich weitere Kinder wünschen, dabei aber auf pränataldiagnostische Untersuchungen verzichten.

MEDIZINISCHE NOTWENDIGKEIT VERSUS DRÄNGEN ZUR SELEKTION

Die Auseinandersetzung mit den Möglichkeiten und Grenzen der Pränataldiagnostik soll an dieser Stelle nicht zu einer Verdammnis des medizinischen Fortschritts führen. Auf der einen Seite stehen die medizinischen Notwendigkeiten, das werdende Leben bereits vorgeburtlich zu begleiten und im Notfall eingreifen zu können. Auf der anderen Seite gibt es jedoch ein Feld, das wesentlich schlechter einzugrenzen und einzuschätzen ist: die Entscheidung für oder gegen ein Leben, der weitere Weg und Umgang mit dieser Entscheidung – und gegebenenfalls mit den Wunden leben zu müssen, die sie verursacht.

Ich bin mir sicher, dass es viele Mediziner gibt, die sehr verantwortungsvoll mit ihrer Aufgabe umgehen, betroffene Eltern zu beraten, zu begleiten und zu unterstützen. Allerdings berichten immer wieder Mütter von eklatanter Nachlässigkeit seitens der Frauenärzte, was die Beratung und Betreuung hinsichtlich pränataldiagnostischer Untersuchungen in der Schwangerschaft anbelangt.

Frauen berichten, dass der behandelnde Gynäkologe oder die Gynäkologin allein aufgrund des Alters der werdenden Mutter eigenmächtig Termine zu einer Fruchtwasseruntersuchung oder Chorionzottenbiopsie festlegen, ohne vorher eingehend mit den Eltern gesprochen zu haben – wozu sie gesetzlich verpflichtet wären. Es wird davon ausgegangen, dass ähnlich wie die Gewichts- und Blutdruckkontrolle während der Schwangerschaft alle zur Verfügung stehenden Untersuchungen in Anspruch genommen werden. Oder es werden Ergebnisse des Triple-Tests als Grundlage für weitere, dringend notwendige Untersuchungen angeführt, ohne dass die Eltern überhaupt darüber informiert waren, dass dieser Test durchgeführt wurde. Ganz abgesehen von der hohen Fehlerquote dieser Tests. Auch manch eine auffällige Nackenfalte erwies sich im Nachhinein als völlig harmlos, ebenso wie Kinder mit einem unauffälligen Befund der Dicke der Nackenfalte mit dem Down-Syndrom geboren wurden. Hinzu kommt, dass einige Untersuchungen mit Risiken verbunden sind: Etwa eine Frau von zweihundert erleidet nach einer Fruchtwasseruntersuchung eine Fehlgeburt.

Da man immer an die Verantwortung der Eltern appelliert, alle Möglichkeiten, ein gesundes Kind zur Welt zu bringen, auch zu nutzen, fällt es natürlich schwer, sich gegen die scheinbare Allwissenheit von Ärzten und auch Hebammen zu wehren und einen eigenen Standpunkt zu wahren.

Pränataldiagnostik kann in vielen Fällen Krankheiten und Probleme in der Schwangerschaft erkennen und notwendige, sofortige Maßnahmen möglich machen. Sie ist aber keine Heilmethode oder Präventivmaßnahme, um eine Behinderung zu vermeiden. In den meisten Fällen führt sie zu einer Selektion, lebenswertes von unwertem Leben zu trennen, was immer man unter unwertem Leben auch verstehen mag. Wie ergeht es Eltern, die erfahren, dass ihr Kind zum Beispiel mit einer Trisomie 21 geboren werden wird? Man weiß, dass die wenigsten Eltern sich für ein Kind mit einer Behinderung entscheiden.

BEI POSITIVEM BEFUND: ABBRUCH UND SPÄTABBRUCH

Viele Menschen wissen nicht, dass ein positiver Befund nach einer Pranataldiagnostik fast immer in einem Abbruch gipfelt. Das, was für viele Ärzte eine logische Folge der durchgeführten Untersuchungen mit den anschließend vorliegenden Befunden ist, ist für die Eltern der Beginn eines Alptraums. Die Hoffnungen auf eine gemeinsame Zukunft mit dem Kind, das sich noch im Bauch der Mutter befindet, finden mit der Diagnose »Behinderung« in über 90 Prozent der Fälle ein tödliches Ende für das Ungeborene.

Für den die Diagnose mitteilenden Arzt ist es Pflicht, die Eltern auf ihren Anspruch auf Beratung hinzuweisen und ihnen zwischen Diagnosemitteilung und Abtreibung mindestens drei Tage Bedenkzeit einzuräumen. Das Problem ist jedoch nicht allein mit der Hinweispflicht auf Beratungsmöglichkeiten und einer verordneten Bedenkzeit gelöst. Die Beratung und die Bedenkzeit gehören vor die pränataldiagnostische Untersuchung. Es ist zwar gesetzlich vorgeschrieben, dass jede Schwangere vor einer pränataldiagnostischen Untersuchung über die möglichen Ergebnisse, Risiken und Konsequenzen informiert werden muss – die Praxis ist leider jedoch allzu oft eine andere. Ist der Befund erst einmal auf dem Tisch, liegt das Urteil den Erfahrungen nach nahe: Über 90 Prozent entscheiden sich gegen das Kind.

Wie ergeht es Eltern, die erst zu einem späteren Zeitpunkt der Schwangerschaft erfahren, dass ihr Kind schwerstbehindert sein wird, und die sich dieser Aufgabe nicht gewachsen fühlen? Unsere Gesetzeslage bietet die legale Möglichkeit einer Abtreibung bis zu den letzten Schwangerschaftswochen, wenn die drohende Behinderung des Ungeborenen eine Gefahr für das körperliche und geistige Wohl der Mutter darstellt. Allerdings sind die gesetzlichen Grundlagen das eine, die Umsetzung hingegen etwas ganz anderes. Noch immer ist vielen Frauen nicht bewusst, dass der Abbruch in einer späteren Schwangerschaftswoche bedeutet, dass sie das Kind auf normalem Wege zur Welt bringen müssen.

» Unsere Tochter war keine zwei Jahre alt, als ich wieder schwanger war. Da sie mit einer geistigen Behinderung geboren wurde, gingen alle davon aus, dass wir bei dieser Schwangerschaft alle möglichen Untersuchungen machen würden, damit wir nicht noch ein behindertes Kind bekommen. Vor allem meine Mutter war völlig entsetzt, als wir sagten, dass wir auch dieses Kind so nehmen würden, wie es uns gegeben wird. Ich sei doch noch jung und mit dem einen behinderten Kind schon belastet genug. Erst als ich ihr von den Konsequenzen berichtete und ihr im Detail schilderte, was eine Abtreibung um die 20. Schwangerschaftswoche bedeuten würde, hatte sie Verständnis für unsere Entscheidung. Sie wusste nicht, dass das Kind mit einer Injektion ins Herz im Mutterleib getötet werden würde oder nach der Geburt bis zu seinem Tod einfach liegengelassen würde. Sie wusste noch nicht einmal, dass diese Kinder ganz normal geboren werden müssen.«

Es lässt sich darüber streiten, ob das Leben eines Menschen mit der Verschmelzung des Samens und der Eizelle, der Einnistung in die Gebärmutter oder ab der 6., 7. oder 8. Lebenswoche beginnt, wenn das Herz anfängt zu schlagen. Aber ein Kind in einer späteren Schwangerschaftswoche ist genau das, nämlich ein Kind. Hinzu kommt, dass die verfrühte Austreibung des Kindes aus dem Mutterleib für die Mutter häufig viel schmerzhafter und auch langwieriger ist als eine normale Geburt.

Eine Oberärztin, die im Kreißsaal eines Krankenhauses der Diakonie arbeitet, berichtete von folgendem Fall einer verzweifelten Mutter: Die Frau war mit einem positiven Befund nach einer pränataldiagnostischen Untersuchung in die Geburtsklinik gekommen. Ihr Kind würde auf keinen Fall außerhalb des Mutterleibes überleben können und direkt nach der Geburt sterben, eventuell auch schon im Verlauf der Schwangerschaft. Die Frau sah keinen anderen Ausweg als den Abbruch der Schwangerschaft. Aufgrund ihrer religiösen Überzeugung und dem Zugehörigkeitsgefühl zur evangelischen Kirche hatte sie sich bewusst für diese Klinik der Diakonie entschieden. Der Ethik-Rat der Klinik entschied jedoch gegen den verzweifelten Wunsch der Frau und teilte ihr mit, dass man nicht bereit war, zu diesem späten Zeitpunkt der Schwangerschaft eine Abtreibung vorzunehmen.

Das Recht auf Abtreibung bedeutet noch lange nicht, dass Ärztinnen, Ärzte oder Kliniken dazu verpflichtet sind, diesen Eingriff in jeder Schwangerschaftswoche auch durchzuführen. Im Zusammenhang mit der Rolle der Pränataldiagnostik mag sich im geschilderten Fall die Frage stellen, ob es für die betroffenen Eltern gut war, im Vorfeld zu erfahren, dass ihr Kind nicht überleben würde. Wie wäre die Situation verlaufen, wenn erst bei der Geburt die Behinderung und deren Folgen ersichtlich geworden wären? Oder der frühe Tod des Kindes im Mutterleib auf eine Fehlbildung hingewiesen hätte?

VORTEILE DER PRÄNATALDIAGNOSTIK

Dabei darf man natürlich nicht außer Acht lassen, dass für manch ein Kind die vorgeburtliche Untersuchung die einzige Überlebensgarantie darstellt. Ein nicht erkannter Herzfehler kann unter Umständen durch die Anstrengung einer spontanen Geburt für das Kind tödlich sein. Weiß man bereits in der Schwangerschaft von dieser Gefahr, kann das Ungeborene engmaschig überwacht und gegebenenfalls per Kaiserschnitt »geholt« werden, um anschließend sofort medizinisch versorgt zu werden.

Auch Therapien in utero sind manchmal möglich, sprich medizinische Eingriffe am Fötus im Mutterleib. Kein Mensch, der um den Segen dieser frühen Chance weiß, dem Kind zu helfen, würde der Pränataldiagnostik die Daseinsberechtigung absprechen.

Während meiner Recherche zu diesem Buch sprach ich mit einer Familie, deren Sohn eine tödlich verlaufende Stoffwechselerkrankung hat, die vererbbar ist, wenn beide Elternteile Träger derselben sind. Bei ihrem Sohn wurde sie mit drei Jahren festgestellt. Die Familie lebt also ständig im Bewusstsein dieser lebenslimitierenden Diagnose. Der Junge hatte zum Zeitpunkt der Diagnose eine kleine Schwester, die bereits im Alter von etwa einem Jahr auf diese seltene Erkrankung getestet worden war. Der Befund war zum großen Glück der Familie negativ.

Die Eltern setzen sich heute für eine umfassende Aufklärung und die aus ihrer Sicht dringende Notwendigkeit ein, sich bereits vor der Umsetzung der Familienplanung testen zu lassen, um die Geburt eines Kindes mit solch einem schweren und tödlichen Krankheitsverlauf zu verhindern. Zurzeit besteht die einzige Möglichkeit, wenn man trotz einer bekannten Disposition beider Elternteile nicht auf eigene Kinder verzichten möchte, in der Pränataldiagnostik: Zu einem möglichst frühen Zeitpunkt muss der Embryo auf die Krankheit getestet werden, um bei einem positiven Befund die Schwangerschaft beenden zu können.

» Wir wollen keine perfekte Welt, aber dieses Schicksal ist vermeidbar. All die Menschen und Wege, die wir gehen mussten, die haben wir trotz allem nur durch ihn kennengelernt. Unser Sohn ist unser Lehrmeister, er zeigt uns ganz neue Wege … Trotzdem wird sein Tod eine unvorstellbare Amputation in unserem Leben bedeuten, die ich mir noch gar nicht vorstellen kann.«

Ich nenne diese Beispiele, um auf das individuelle Leid einer bestimmten Gruppe von Familien hinzuweisen, die von den Möglichkeiten der Pränataldiagnostik und dem medizinischen Fortschritt profitieren und unser aller Verständnis hierfür haben.

LEID, ANDERSSEIN UND AKZEPTANZ

Man sollte jedoch einen Unterschied zwischen dem tatsächlichen Leid der einen Gruppe und der von der Gesellschaft nicht tolerierten Andersartigkeit einer anderen Gruppe von Menschen machen. Kinder und auch ältere Menschen mit einer geistigen Behinderung leiden nicht grundsätzlich unter dieser. Allein das Wort »Behinderung« beinhaltet die Beeinflussung von außen. Menschen mit einer Behinderung werden häufig erst durch die Umwelt behindert, durch die Intoleranz und das Unverständnis gegenüber von der Norm abweichendem Verhalten. Es bedarf eines allgemeinen gesellschaftlichen Bewusstseinswandels, um grundsätzlich das Bild geistig behinderter Menschen zu normalisieren.

Die vielfach gehegte Annahme, dass die Pränataldiagnostik vor der Geburt eines behinderten Kindes schützen kann, ist falsch. Viele Behinderungen und Krankheiten sind über diesen Weg gar nicht ermittelbar und auch eine Schädigung des Kindes mit weitreichenden Folgen wie einer geistigen und körperlichen Behinderung lässt sich nie ausschließen: Man denke an Komplikationen während der Geburt wie Sauerstoffmangel, Aspiration von Mekonium, Infektionen durch Krankenhauskeime oder nicht erkannte Krankheitserreger, die die Mutter an das Kind übertragen kann. Die Gefahren scheinen zahllos. Und doch muss man immer wieder betonen, dass in der Regel alles gut geht.

Pränataldiagnostik ist ein großer medizinischer Fortschritt, wenn sie denn verantwortungsvoll angewandt wird. Es gibt Situationen, die ihren Einsatz und ihre Konsequenz, sprich die Entscheidung für einen Abbruch einer Schwangerschaft, für den Einzelnen rechtfertigen mögen. Betroffene Familien, die den Entschluss zu einem Abbruch der Schwangerschaft getroffen haben, werden mit dem frühzeitigen Ende ihres ungeborenen Kindes als unumstößliche Tatsache leben müssen. Das ist schwer genug. Vor allem Mütter, die ihr Kind auf diese Weise verloren haben, berichten davon, dass auch diese Kinder Teil ihres Lebens sind und sich nicht als ungeschehen verdrängen lassen.

Um wie viel schlimmer muss es Eltern ergehen, die ihr Ungeborenes ohne ausreichendes Hintergrundwissen auf ärztliches Anraten hin haben abtreiben lassen? Der Anblick einer Mutter mit einem lachenden Kleinkind auf dem Arm, das das Down-Syndrom hat, kann die Wunden einer jahrelang zurückliegenden Abtreibung wieder aufbrechen lassen, wenn diese Entscheidung übereilt und in Unkenntnis der Möglichkeiten gefällt wurde.

Viel zu viele Kinder dürfen das Licht der Welt nicht erblicken aufgrund von Unwissenheit, einer Intoleranz gegenüber Andersartigkeit und einer fatalen Arroganz und Nichtachtung der menschlichen Vielfalt.

Ich bin überzeugt davon, dass Menschen mit einer wie auch immer gearteten Behinderung eine wichtige gesellschaftliche Aufgabe erfüllen und für das soziale Miteinander und dessen Fortschritt unverzichtbar sind. Wer mit einem geistig behinderten Menschen zusammenlebt oder arbeitet, erfährt dessen Andersartigkeit nicht als »Normabweichung«, sondern als Teil seiner Persönlichkeit.

Der Fortschritt in der Förderung geistig behinderter Menschen in den vergangenen 20 Jahren hat gezeigt, dass viele von ihnen in der Lage sind, nach ihren individuellen Fähigkeiten zu lernen und ein teilweise oder vollkommen selbstständiges, aber vor allem erfülltes Leben zu führen. Ein Baby, das in seiner Familie trotz Behinderung willkommen ist und Liebe erfährt, hat die besten Chancen auf eine positive Entwicklung. Ein stabiles Fundament ist die Liebe der Eltern zu ihrem Kind. Aufgeklärte und der Vielfalt des Lebens offen begegnende Menschen werden in der Lage sein, sich dem Abenteuer des Elternseins mit Zuversicht und Mut zu stellen.

In der Vorbereitung dieses Kapitels sprach ich mit einer Mutter, die mir ihre Erlebnisse mit der Pränataldiagnostik eindrucksvoll schilderte. Ich entschied mich mit ihrem Einverständnis dazu, nicht nur mit Zitaten zu arbeiten, sondern ihre Geschichte als Ganzes wiederzugeben. Sie schildert ganz besonders die beiden Seiten der Pränataldiagnostik: den Fluch und den Segen.

KATRINS GESCHICHTE

Die erste gemeinsame Tochter war sechs Jahre alt. Aufgrund einer Unterleibserkrankung der Mutter in jungen Jahren war die erste Schwangerschaft, die spontan und problemlos verlief, ein großes Glück gewesen. Jetzt, mit knapp 40 Jahren und nach einer geraumen Zeit, in der sich eine zweite Schwangerschaft einfach nicht einstellen wollte, entschied sich das Paar, dem Glück mit einer künstlichen Befruchtung auf die Sprünge zu helfen, wobei der Wunsch von Katrin nach einem weiteren Kind ausschlaggebend war. Es sollte ein letzter Versuch sein, ein eigenes Kind zu bekommen, und er glückte auf Anhieb. Von drei befruchteten Eizellen entwickelte sich eine weiter und wurde erfolgreich in die Gebärmutter eingesetzt.

Schon in der dritten Schwangerschaftswoche fiel das geringe Wachstum des Embryos auf. Bei der regulären Ultraschalluntersuchung in der zwölften Woche stellte die behandelnde Gynäkologin eine auffallend verdickte Nackenfalte des Fötus fest und riet zu einer umgehenden Untersuchung des Kindes in einer pränataldiagnostischen Praxis. Der Termin wurde sofort für den nächsten Tag vereinbart.

》 Ich war total geschockt, völlig weggetreten. Es war wie eine Wand und ich musste ja noch mit meiner Tochter klarkommen. Es war schon klar, dass da etwas ist, und ich war wirklich sehr beunruhigt.«

Während der Untersuchung und der ersten geäußerten Vermutung, dass mit dem Kind etwas nicht in Ordnung sei, war Katrin ohne ihren Partner, nur die sechsjährige Tochter war dabei. Der Umstand, dass ihre Tochter bei der Untersuchung und dem anschließenden Gespräch zugegen war, bedeutete eine zusätzliche Belastung.

》 Ich war froh, es meinem Mann erzählen zu können. Es war nicht so, dass ich mich davor fürchtete, es ihm zu sagen, sondern ich war eher froh, es mit jemandem teilen zu können. Ich wusste, dass es ihn nicht umhauen würde.«

Den Termin bei dem auf Pränataldiagnostik spezialisierten Frauenarzt nahm Katrin wieder alleine wahr. Eine lange und sehr gründliche Ultraschalldiagnostik brachte einen ersten Eindruck der Gesamtsituation: Neben der verdickten Nackenfalte und der zu geringen Größe des Fötus entdeckte der Arzt einen Herzfehler, einen Nabelbruch und weitere Marker, die alle zusammen keine gute Prognose erlaubten.

Der behandelnde Arzt nahm sich viel Zeit für die Untersuchung, sprach alle Auffälligkeiten direkt an, erklärte die Zusammenhänge und vermittelte Katrin das Gefühl von Sensibilität und Sympathie. Auch im Nachhinein betonte sie, dass sie sich sowohl von ihrer Frauenärztin als auch vom Facharzt für Pränataldiagnostik gut beraten und begleitet gefühlt hat, auch wenn die Prognose laut Arzt alles andere als hoffnungsvoll war.

》》Schlimmer als Trisomie 21.«

Bei der Summe der Auffälligkeiten wurde der Verdacht auf Trisomie 13 oder Trisomie 18 geäußert.

Beide Syndrome führen fast immer zum Tod des Kindes entweder bereits im Mutterleib, während oder kurz nach der Geburt. Nur in wenigen Fällen überleben die Kinder einige Monate oder wenige Jahre, stets mit sehr starken Einschränkungen.

》》Besonders schockierend fand ich den Teil des Untersuchungsberichts, den ich etwas später las, in dem von einer Gesichtsanomalie die Rede war. Ich dachte, dass ein ‚gesundes' Kind mit einer Trisomie 21 ja noch in Ordnung wäre, also zu dem Zeitpunkt habe ich so gedacht ... Meine Angst war eher, dass da noch Schlimmeres kommt. Aber als wir dann auf das Ergebnis warteten, da wäre mir eine andere Diagnose, also Trisomie 13 oder 18, fast lieber gewesen. Mir wäre einfach die Entscheidung abgenommen worden, da das Kind dann wahrscheinlich eh gestorben wäre. Bei einer Trisomie 21 hätte ich mich für oder gegen das Kind entscheiden müssen.«

Um möglichst schnell Gewissheit zu haben, riet der Arzt zu einer Chorionzottenbiopsie, die man bereits in diesem frühen Stadium der Schwangerschaft durchführen kann, im Gegensatz zu einer Fruchtwasseruntersuchung. Die Eltern entschieden sich rasch für die Chorionzottenbiopsie und es wurde ein zeitnaher Termin vereinbart. Bereits nach einigen Tagen wurden die Eltern telefonisch über das Ergebnis informiert: Trisomie 21 und Trisomie 13 im Mosaik. Diese Diagnose ging mit dem zu erwartenden Tod des Kindes einher.

>> Dem Kind im Bauch gings gut. Es bewegte sich immer sehr viel ...«

Bei der zu treffenden Entscheidung, die Schwangerschaft bis zur Geburt oder zum vorzeitigen Tod des Kindes auszutragen oder sie durch einen Abbruch zu beenden, wurde den Eltern von ärztlicher Seite vermittelt, dass sie sich Zeit lassen könnten. Der Kontakt zu einer erfahrenen Psychologin wurde hergestellt, die in den folgenden Wochen und Monaten eine große Unterstützung für die Familie bedeutete.

Die Eltern entschieden sich dafür, die Schwangerschaft nicht zu beenden, sondern auf die Geburt des Kindes zu warten. Es folgte eine Zeit, in der sich die Eltern mit ihrer Trauer und der bevorstehenden Geburt auseinandersetzen mussten.

>> Ich hatte immer die Vorstellung, dass das Kind dann rauskommt, ein paar Mal atmet und dann stirbt ... Ich habe mich auch gefragt, warum wächst jetzt eigentlich mein Bauch und dann kommt ein Kind, das nicht leben wird. Mein Mann sagte nur: ›Ja, weil es wächst‹, und das hat mir geholfen, weil es ja auch so war. Aber es war eine ganz spezielle Zeit. Ich bin dann auch mal in den Dom gegangen, aber am Anfang lag ich auf dem Sofa und es war einfach nur traurig.«

Bei jeder folgenden Untersuchung hoffte Katrin immer ein Stück weit, dass das Kind, ein Junge, nicht mehr am Leben sei, damit es einfach vorbei sei.

>> Ich hoffte richtig, dass sein Herz nicht mehr schlug.«

Im fünften Monat beschäftigte sie sich zunehmend mit dem Gedanken an die Geburt. Sie vereinbarte einen Termin mit der leitenden Hebamme der Geburtsklinik, in der sie ihr Kind zur Welt bringen wollte, um mit ihr den Ablauf und das anschließende Vorgehen zu besprechen.

Im Anschluss an das Gespräch folgte ein Besuch der Kinderklinik, wo ihr Sohn, falls er lebend geboren werden sollte und ärztliche Hilfe benötigen würde, hingebracht werden würde. Durch Zufall hatte ein Katrin bekannter Kinderarzt Dienst, der sie auf dem Flur abfing und sie bat, mit in das Dienstzimmer zu kommen. Er würde ihr jetzt etwas erzählen, dass alles verändern würde.

Der Arzt hatte als Vorbereitung auf ihren Besuch und um alle Fragen beantworten zu können, ihre Krankenakte und besonders die Untersuchungsergebnisse der Chorionzottenbiopsie studiert. Dabei war ihm aufgefallen, dass es einen zweiten Untersuchungsbericht der Chorionzottenbiopsie gab, in dem die Trisomie 21 wie bereits zuvor festgestellt wurde. Ganz zum Ende des Berichts stand jedoch, dass keine Trisomie 13 mehr nachweisbar sei. Das erste Ergebnis, das den Eltern als endgültiges übermittelt worden war, war lediglich ein vorläufiges Untersuchungsergebnis gewesen.

» Ich konnte das erst einmal gar nicht verstehen ... Alles, was passiert war, war völlig sinnlos gewesen.

Und dann mussten wir uns plötzlich um das Kind kümmern, schauen, wie es ihm geht.«

Während einer anschließenden Ultraschalluntersuchung war auch der Herzfehler nicht mehr zu sehen.

Die behandelnde Frauenärztin war tief betroffen von ihrem Fehler und rief sofort an, nachdem sie von der neuen Diagnose erfahren hatte. Der zweite Untersuchungsbericht war ihr zwar zugesandt worden, sie war jedoch davon ausgegangen, dass es sich um den ersten Bericht handeln würde, den sie ja bereits gelesen hatte.

» Ich war bei dieser zweiten Diagnose auch wieder alleine, und als ich dann nach Hause gefahren bin und meinen Mann anrief, also da merkte man ihm schon an, dass ihn das jetzt doch traf. Jetzt war klar, dass sich unser Leben total ändern würde.
Ich hatte schon einen dicken Bauch und ich weiß noch ganz genau, wie ich da stand mit meinem Bauch und dachte: ›Dich werde ich jetzt nicht mehr los.‹ Meine Mutter, der ich es auch gleich erzählte, sagte erst einmal: ›Naja, die werden ja nicht so alt.‹ Und als ich dann sagte, dass das nicht stimmt, da sagte sie nur: ›Ach du Scheiße!‹ Aber ansonsten haben sich alle sehr gefreut.«

Die Eltern, die sich auf den Tod ihres Kindes eingestellt hatten, mussten sich nun auf die Geburt und das Leben mit einem geistig behinderten Kind vorbereiten. Mit einem Mal ging es darum, die Schwangerschaft so lange wie möglich zu erhalten, alle frühgeburtlichen Risiken zu meiden und sich auf die Zeit nach der Geburt einzurichten.

» Ich hatte nichts vorbereitet. Ich habe zwar schon versucht, mir vorzustellen, wie das wohl alles wird, was ich ihm nach der Geburt anziehe ... für den Sarg, oder wo immer es dann in so einem Fall hingeht, aber auf einmal musste ich dann ja doch Sachen besorgen.
Nun mussten wir regelmäßig zu Ultraschalluntersuchungen, da es Probleme mit der Plazenta gab. Ich hätte natürlich alle ein, zwei Tage hingehen können, aber ich bin dann alle zwei Wochen gegangen. Das war so ein Deal. Nicht mit dem Kind, sondern mit ..., ja, mit einer höheren Macht. Er hätte also noch Zeit gehabt zu sterben.«

Ihrer sechsjährigen Tochter hatten sie zu Beginn der Schwangerschaft erzählt, dass sie einen kleinen Bruder oder eine kleine Schwester bekommen würde. Dann versuchten sie ihr sehr schonend beizubringen, dass das Baby im Bauch sehr, sehr krank sei und wahrscheinlich sterben würde, um letztendlich richtigzustellen, dass das Kind doch nicht sterben, aber behindert sein würde.

Aufgrund des Nabelbruchs wurde die Geburt per Kaiserschnitt geplant, und da das Kind zum Ende der Schwangerschaft im Mutterleib nicht mehr optimal versorgt wurde, wurde der Termin für die OP in der 34. Schwangerschaftswoche festgelegt.

Dem Kleinen ging es nach der Geburt sehr schlecht. Neben dem schon zuvor bekannten Nabelbruch wurden eine Fehlbildung der Speiseröhre und eine Duodenalstenose festgestellt, die sofort, noch am Tag der Geburt, operiert werden musste. Der im Ultraschall erst erkannte, im späteren Verlauf dann nicht mehr sichtbare Herzfehler wurde nach der Geburt doch noch festgestellt. Für mehrere Wochen war der Zustand des kleinen Jungen sehr ernst, mehrmals musste die Familie um sein Leben bangen.

»Das alles konnte ich einfach nicht mehr fassen. Dass er jetzt noch sterben sollte, also das war … Ich hatte ja diesen Deal. Wenn er es bis jetzt geschafft hat, dann sollte er auch überleben. Das hatte ich immer noch im Hinterkopf.

Am Anfang stand nur sein Überleben zur Debatte, auch wenn von außen schon immer irgendwelche Leute von der Trisomie 21 sprachen. Und mein ablehnender Teil, also der, der die Behinderung ablehnte, wurde während seiner schwierigen, ersten Zeit immer kleiner. Und am Schluss, als es ihm endlich besser ging, da war er ganz weg. Da war er einfach unser Kind.

Diese ganze Diagnostik ist … also, ich habe noch gar keine Worte dafür gefunden, ich habe keine letztendliche Meinung, es ist alles ein Irrweg … oder vielleicht, ach, ich weiß es einfach nicht. Was macht sie mit einem.«

Das Leben mit dem mittlerweile zweieinhalbjährigen Jungen ist bislang nicht immer einfach verlaufen. Neben den anfänglichen gesundheitlichen Schwierigkeiten kamen im Verlauf des ersten Jahres weitere Komplikationen hinzu. Dennoch: Sieht man das Kind, das mit wachem, verschmitztem Blick beobachtet und alle in seinen Bann zieht, dann stellt sich die Frage, wie und ob alles hätte anders verlaufen können. Wäre die Schwangerschaft unbelasteter gewesen, wenn zum Zeitpunkt der ersten Diagnosevermittlung nur das Down-Syndrom bekannt gewesen wäre? Oder hätten sich die Eltern dieses Leben nicht vorstellen können und die Schwangerschaft beendet?

Heute sind die Eltern mit ihren zwei Kindern sehr glücklich. Trotz aller Schwierigkeiten zum Trotz hat ihr Zweitgeborener, der von Anfang an ein absolutes Wunschkind war, sich den Weg ins Leben gebahnt, und ich bin froh, ihn und seine bemerkenswerte Mutter kennengelernt zu haben.

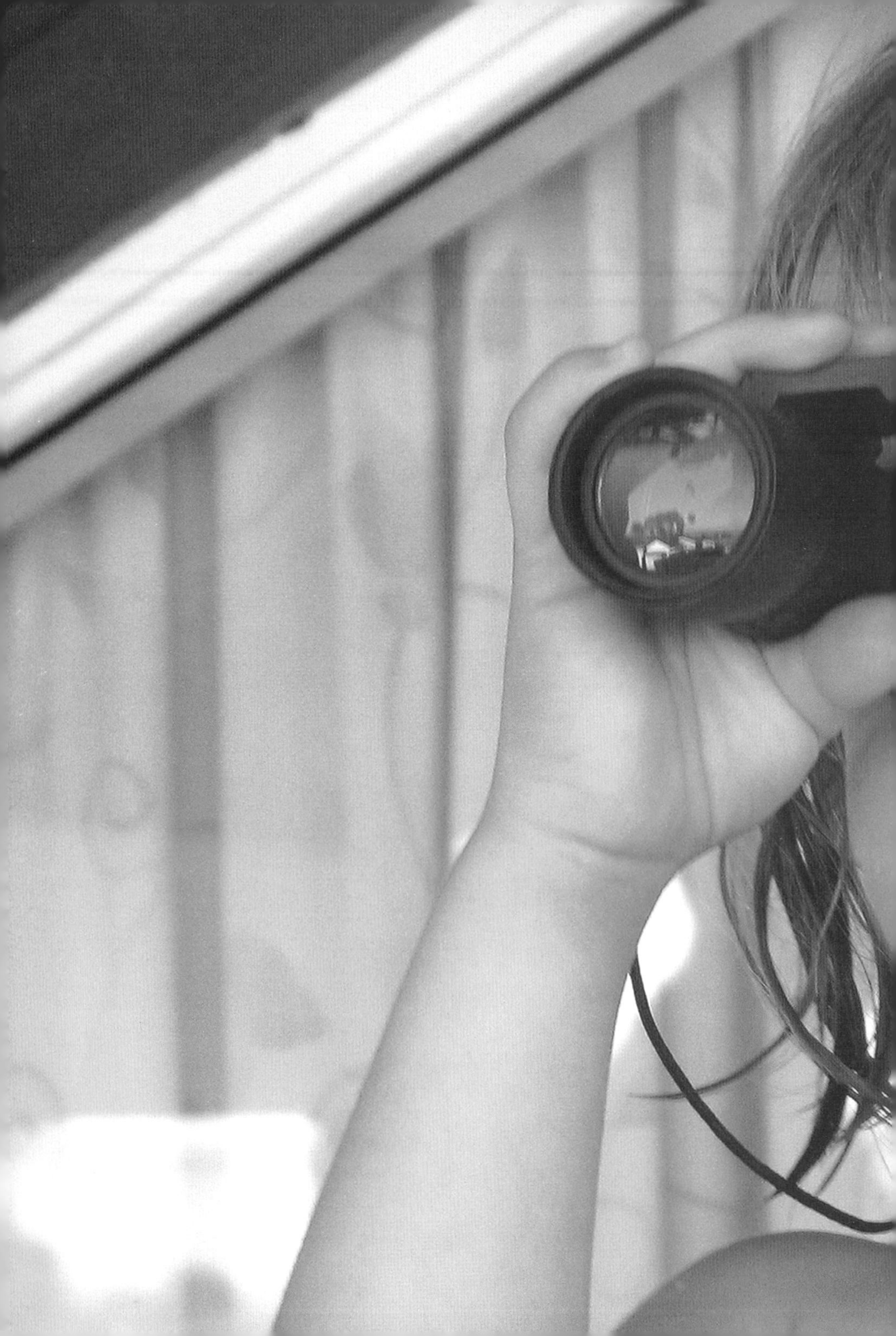

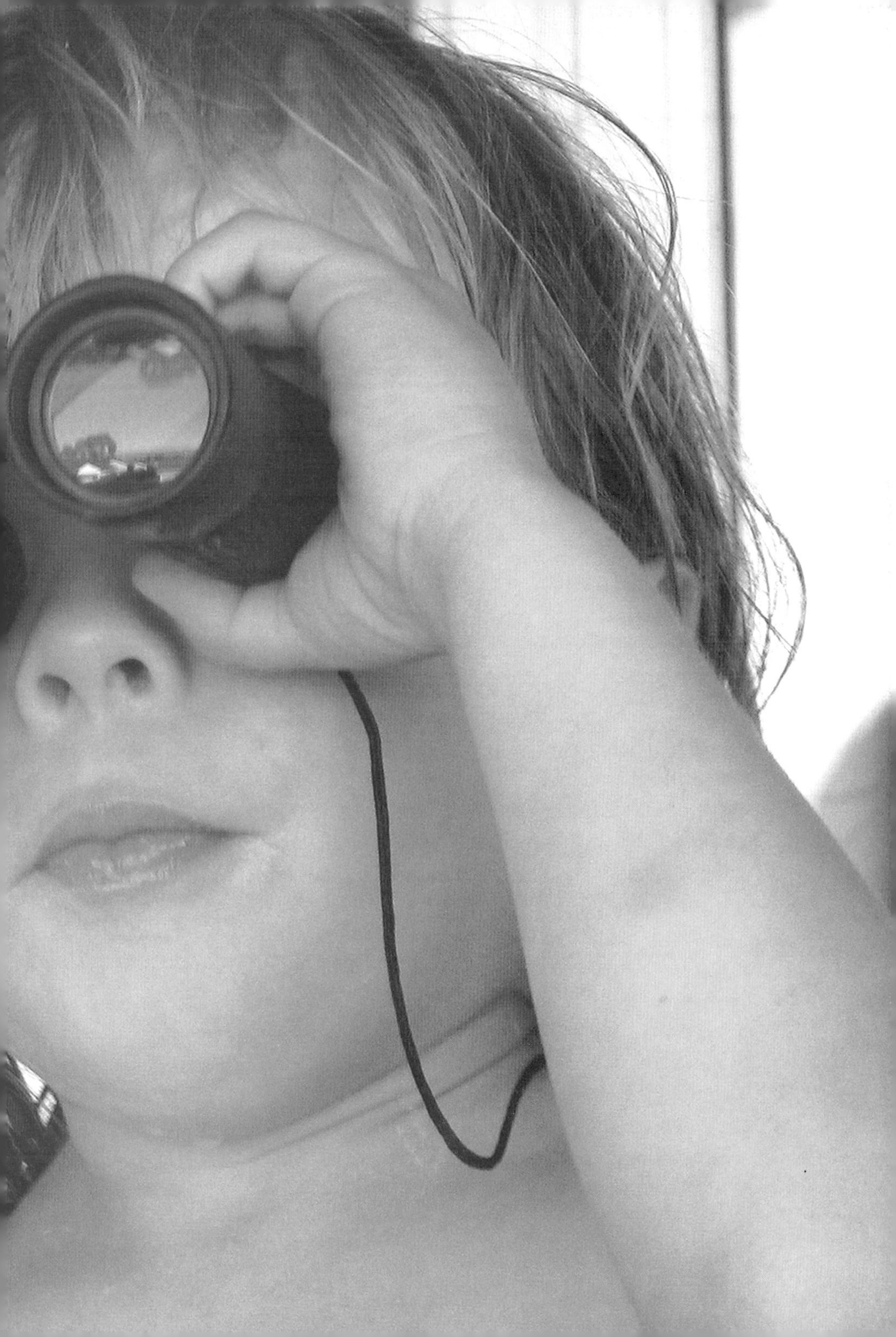

Danksagung

Wie in so vielen Büchern darf auch in diesem Buch der Dank an einige wichtige Menschen nicht fehlen, die erheblich an der Umsetzung dieses Projekts beteiligt waren:

An erster Stelle möchte ich mich bei allen Müttern und Vätern bedanken, die sich die Zeit genommen haben, meine vielen Fragen zu beantworten: Das sind die Mütter und Väter von Oskar, Mathilda, Svea, Thore, Lennox, Caner und Ilknüer, Tobias, Verena, Mona, Lukas, René und Piet. Ich bin sehr glücklich, dass ich diese besonderen Familien kennenlernen durfte! Sie sind das Fundament dieses Buches.

Einen besonderen Dank möchte ich an das Forschungsnetzwerk Mariaberg in Gammertingen aussprechen, ohne das dieses Buch nicht geschrieben worden wäre. Namentlich wären das vor allem Herr Henke, Frau Stenzig und Herr Poreski sowie Frau Brumm. Vielen, vielen Dank für alles! Nicht allein das Stipendium lässt diesen Dank schwer wiegen, sondern vor allem das menschliche, freundliche und stets sehr zugewandte Miteinander, das ich in Mariaberg von allen Seiten erfahren habe.

Lieber Herr Dr. Mehl, Ihnen ein riesiges Dankeschön für die Begleitung der letzten zwei Jahre. Es war und ist mir eine Freude, mit Ihnen zusammenzuarbeiten!

Bedanken möchte ich mich auch bei Frau Braun von der PUA-Beratungsstelle in Stuttgart, Frau Winkelheide, Herrn Dr. Simic-Schleicher, Frau Dr. Runde, Frau Dr. Riemer und den Hebammen des Geburtshauses Sommerstraße in Bremen.

Anika, meine Erst- und Co-Leserin: Du warst toll! Vielen Dank dafür!

Zum Schluss bleibt mir der Dank an meine besten Freundinnen Tanja und Kerstin, die an mich geglaubt und mich immer wieder bestärkt und unterstützt haben. Ich bin sehr glücklich, solche Freundinnen zu haben. Meinen Eltern und meinen Geschwistern Alex und Vedja sei ebenfalls gedankt: Ohne sie wäre ich nicht die, die ich bin.

Ganz am Ende der Dank an die Menschen, die mein Fundament sind: Fazzo und unsere wunderbaren Kinder Rahel, Meret, Bela und Anu!

Einige wichtige Adressen

Bundesverband für körper- und
mehrfachbehinderte Menschen e.V. (bvkm)
Brehmstraße 5-7
40239 Düsseldorf
Telefon: (02 11) 64 00 40
info@bvkm.de
www.bvkm.de

Bundesvereinigung Lebenshilfe
für Menschen mit geistiger Behinderung e.V.
Bundesgeschäftsstelle Berlin
Leipziger Platz 15
10117 Berlin
Telefon: (0 30) 20 64 11 -0

Bundesvereinigung Lebenshilfe
für Menschen mit geistiger Behinderung e.V.
Bundesgeschäftsstelle Marburg
Raiffeisenstraße 18
35043 Marburg
Telefon: (0 64 21) 49 1 -0
Bundesvereinigung@Lebenshilfe.de
www.lebenshilfe.de

Deutsche Gesellschaft für Sozialpädiatrie
und Jugendmedizin e.V.
Chausseestraße 128/129
10115 Berlin
Telefon: (0 30) 40 00 58 8 -6
geschaeftsstelle@dgspj.de
www.dgspj.de

Deutscher Kinderhospizverein e.V.
Ansprechpartner für Familien: Hubertus Sieler
Bruchstraße 10
57462 Olpe
Telefon. (0 27 61) 94 12 9 -26
hubertus.sieler@deutscher-kinderhospizverein.de
www.deutscher-kinderhospizverein.de

Deutsches Down-Syndrom InfoCenter
Hammerhöhe 3
91207 Lauf
Telefon: (0 91 23) 98 21 21 oder 98 98 90
info@ds-infocenter.de
www.ds-infocenter.de

Geschwisterkinder
Marlies Winkelheide
Moorende 6
28865 Lilienthal
Telefon: (0 42 08) 10 40
Winkelheide@Geschwisterkinder.de
www.geschwisterkinder.de

Kindernetzwerk e.V.
Hanauer Straße 8
63739 Aschaffenburg
Telefon: (0 60 21) 1 20 30
info@kindernetzwerk.de
www.kindernetzwerk.de

Mabuse-Buchversand

Partnerbuchhandlung des Deutschen Hebammenverbandes e.V.

Bücher zu den Themen:

Schwangerschaft,

Geburt,

Sexualität,

Kinder,

Pädagogik,

Alternativmedizin u.v.m.

Wir besorgen Ihnen jedes lieferbare Buch!

Fordern Sie kostenlos unseren Katalog an oder stöbern Sie online:

www.mabuse-verlag.de

(Startseite -> Mabuse-Buchversand -> Schwangerschaft+Geburtshilfe)

Mabuse-Buchversand
Kasseler Str. 1a
60486 Frankfurt am Main
Tel.: 069-70 79 96-16
Fax: 069-70 41 52
buchversand@mabuse-verlag.de
www.mabuse-verlag.de

Wie gut, dass jeder anders ist!

BÜCHER UND MEHR ZUM DOWN-SYNDROM

NEUFELD VERLAG

CONNY WENK
Wandkalender
A little extra

Farbfotografien von Kindern und Jugendlichen mit Down-Syndrom

12 Monatsblätter mit Deckblatt
34 x 34 cm • Spiralbindung
ISBN 978-3-937896-94-6

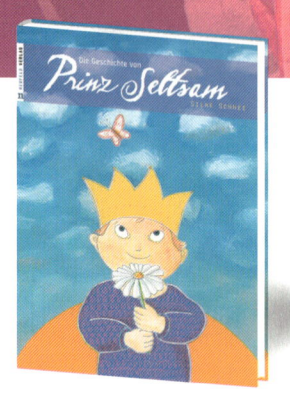

SILKE SCHNEE
Die Geschichte von Prinz Seltsam

Wie gut, dass jeder anders ist!

Mit Illustrationen von Heike Sistig

32 Seiten • DIN A4 • gebunden
ISBN 978-3-86256-010-3

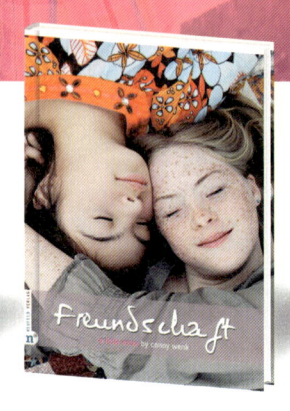

CONNY WENK
Freundschaft

128 Seiten • DIN A4 • gebunden
mit zahlreichen Farbfotos
ISBN 978-3-86256-006-6

www.alittleextra.de

Füreinander da sein
In die Zukunft wirken

Sie haben ein geistig oder mehrfach behindertes Kind? Von Ihren Angehörigen oder Bekannten ist jemand behindert? Sie möchten mehr über Menschen mit geistiger Behinderung erfahren?

Die Lebenshilfe ist die größte Eltern- und Selbsthilfevereinigung für Menschen mit geistiger Behinderung in Deutschland. 527 lokale Lebenshilfe-Vereinigungen machen Angebote für 160.000 behinderte Menschen. Wir beraten Sie gern.

Informieren Sie sich unter www.lebenshilfe.de oder wenden Sie sich bei weiteren Fragen an:

Bundesvereinigung Lebenshilfe
Raiffeisenstr. 18, 35043 Marburg
Tel.: 06421/491-0 oder
info@lebenshilfe.de

Lebenshilfe
für Menschen mit
geistiger Behinderung e.V.

seit 1958

Stefan Heiner,
Enzo Gruber (Hrsg.)

Bildstörungen
**Kranke und Behinderte
im Spielfilm**

2003, 208 Seiten, 18,90 Euro
ISBN 978-3-935964-30-2

»Dieses Buch ist nicht nur für ausgesprochene Kino-Freaks empfehlenswert. Wer sich auf die fantastische Erfahrung einlässt, es zu lesen, wird sicherlich Filme künftig mit anderen Augen sehen.«
(QuepNet)

»Eine echte Empfehlung für alle, die besondere Filme mögen«
(HandMed)

»Ein wichtiger Beitrag zur Meinungsbildung in Sachen Film und Krankheit.«
(Treffpunkte)

Mabuse-Verlag
Postfach 90 06 47 b • 60446 Frankfurt am Main
Tel.: 069 - 70 79 96-16 • Fax: 069 - 70 41 52
info@mabuse-verlag.de • www.mabuse-verlag.de

Marianne Glaßer

Keine heile Welt
Leben mit einem
behinderten Kind

2009, 166 Seiten, 15,90 Euro
ISBN 978-3-940529-30-5

Mathias ist geistig behindert. Er kann nicht lesen, schreiben und rechnen und nur schwer verständlich sprechen. Seit seinem ersten Lebensjahr hat er epileptische Anfälle, er zeigt autistische Züge und hat fast unbeherrschbare Wutausbrüche entwickelt. Seit fünf Jahren lebt er im Heim. Ein eindrücklicher Erfahrungsbericht, der zeigt, dass die Betreuung in einer Einrichtung für alle eine Chance sein kann.

»Ein großartiges, ehrliches, von Anfang bis Ende spannendes biographisches Werk.«
(Lebenshilfe Zeitung)

Mabuse-Verlag
Postfach 90 06 47 b • 60446 Frankfurt am Main
Tel.: 069 - 70 79 96-16 • Fax: 069 - 70 41 52
info@mabuse-verlag.de • www.mabuse-verlag.de

Ich bin anders als du denkst
Menschen mit Down-Syndrom begegnen

Andreas Bohnenstengel, Hanni Holthaus, Angelika Pollmächer
2. Aufl. 2007. 208 S., 180 Schwarz-weiß-Fotografien, kartoniert; 25,50 € / 26,20 € (A) / 38,20 SFr,
ISBN 978-3-934471-40-5

„Menschen mit Down-Syndrom begegnen" – sie begegnen uns, wir begegnen ihnen, sie begegnen einander – im Leben und im vorliegenden Buch.

Dieses Buch soll ein Beitrag sein, Begegnungen besser gelingen zu lassen, Eltern zu helfen, sich selbst zu orientieren und Angehörige und Freunde zu informieren, Menschlichkeit und Toleranz in unserer Gesellschaft zu stärken.

Was passiert, wenn eine junge Frau mit Down-Syndrom ein Baby bekommt? Wie empfinden es Menschen selber, dass sie „Down-Syndrom" haben? Womit nerven sich Geschwister am häufigsten? Wie gehen Liebende nach einem Streit miteinander um? Welche Erinnerungen hat eine junge Frau an ihre integrative Schulzeit? Und welche Gefühle bewegen Eltern, die für ihr Kind keine integrative Schule finden können? Was ist Liebe? Wovon träumt eine junge Frau mit Down-Syndrom? Warum hat Johannes unsere Welt wieder verlassen? Wie kann eine Mutter nach dem Verlust ihres Kindes weiter leben? Welche Erinnerungen haben die Töchter nach dem Tod ihrer Mutter? Wie unterschiedlich sind die Gesichter auf den Fotografien, die Art der Selbstdarstellung bei Menschen, die alle in die Schublade „Down-Syndrom" gesteckt werden? Wie ist ihr Bild in den Medien? Wer war Langdon Down? Was bedeutet Down-Syndrom? Wie hat sich die Betrachtungsweise von der Antike bis heute verändert? Antworten auf diese Fragen und noch viel mehr erfahren Sie in: „Ich bin anders, als du denkst!"

EDITION BENTHEIM

Ohmstraße 7, Haus 7 · D-97076 Würzburg · Tel. 0931/2092-2394, Fax: 0931/2092-2390
Auslieferung: Spurbuchverlag · Am Eichenhügel 4 · D-96148 Baunach
Tel.: 09544/1561 · Fax: 09544/809
E-Mail: info@edition-bentheim.de · Internet: www.edition-bentheim.de